Björn Lange

AF236893

Deutschland peinlich Vaterland

Oder die typisch deutsche Neigung zum Spießertum

Eine Realsatire

Björn Lange

Deutschland

peinlich

Vaterland

Oder die typisch deutsche Neigung zum Spießertum

Eine Realsatire

Für meine Eltern

Impressum

© Björn Lange 2020

Herstellung und Verlag:
BoD - Books on Demand, Norderstedt
ISBN: 9783752627701

Inhaltsverzeichnis

Einleitung

Jeder kennt wohl das Lied der Düsseldorfer Punkband „Die Toten Hosen" von den 1.000 guten Gründen, die es gibt, um auf dieses Land stolz zu sein. All die ganzen Gründe, die eigentlich da sein müssten, die uns aber leider nicht mehr einfallen. Dabei ist der Titel aktueller denn je und beschreibt vortrefflich die Lage, die Verfassung und das Leben unserer Nation.

Ein Land, in dem es alles gibt, aber in dem einen mindestens ebenso viel stört.

Ein Land, in dem man für jeden Müllsack ein Antragsformular benötigt und in dem nichts dem Zufall überlassen wird.

Ein Land voller Neid und Missgunst, in dem man seinem Gegenüber noch nicht einmal die kleinste Freude gönnt, ohne diese zuvor selbst erlebt zu haben.

Ein Land voller Peinlichkeiten des Alltags. Ein Land, voll von Bewohnern, die für ihren Eifer, ihre Zuverlässigkeit, ihren Ordnungswahn bewundert und gleichermaßen belächelt werden.

Was ist das für ein Land, in dem all diese Punkte zusammenfließen, in dem Spießer und Denunzianten den Alltag bestimmen, und in dem nichts unbeobachtet bleibt?

Wir sind schon ein komisches Volk, wir Deutschen, im Ausland belächelt und geführt von einer Bundeskanzlerin Angela „Teflon" Merkel, die selbst von unseren großen Vorbildern in den Vereinigten Staaten - von denen wir fast jede Peinlichkeit kopieren - belächelt wird, ohne es zu merken und die sich noch nicht einmal von NSA-Bespitzelungen aus der Ruhe bringen lässt.

Aus dem Volk der Dichter und Denker ist ein Land der Spießer und Denunzianten geworden. Ein Land, das banale Dummschwätzer wie Mario Barth zu Multimillionären macht und Günther Jauch für den schlauesten Bundesbürger hält. Ein Land, in dem Schiller, Lessing, Kant oder Goethe nur noch Mythen sind, mit denen Niemand mehr etwas anfangen kann.

Wir leben für unsere Gärten, unsere Autos, unsere Einbauküchen und unsere Gewohnheiten. Wir stellen immer pünktlich den Müll raus, diskutieren über Spritpreise, kommen immer zeitig zur Arbeit, gehen gerne einkaufen, fliegen nach Mallorca, organisieren uns in Vereinen und lieben Helene Fischer.

All das wäre nicht so schlimm, wenn wir nicht bei allem was sie machen über ihr Ziel hinausschießen würden und darüber hinaus geradezu groteske Sozialeigenschaften an den Tag legen.

Fast alle alltäglichen Dinge werden auf die Spitze getrieben, nichts ist uns zu peinlich, um es nicht doch zu durchleben. Anstatt einfach mal die bekannten Fünfe gerade sein zu lassen, muss bei uns alles stimmen und generalstabsmäßig funktionieren.

Es ist wohl unsere Mentalität, die manchen von uns mit der Muttermilch eingetrichtert wird und die uns zu diesem Handeln treibt. Manchen gibt sie damit eine Existenzberechtigung, und andere möchten lieber heute als morgen die Flucht ergreifen.

Aber auch diese sind oft gefangen in dieser organisierten Spießigkeit und verkommen mehr und mehr darin.

Vielleicht gelingt es mir mit diesem Buch, manchen Leuten auf satirische Art den Spiegel vorzuhalten und sie dazu zu verleiten, das ganze Leben einfach mal etwas lockerer zu sehen.

Epilog: In jedem von uns steckt ein Spießer

„Als Spießbürger oder Spießer werden in abwertender Weise engstirnige Personen bezeichnet, die sich durch geistige Unbeweglichkeit, ausgeprägte Konformität mit gesellschaftlichen Normen, Abneigung gegen Veränderungen der gewohnten Lebensumgebung auszeichnen."

So treffend definiert das Online-Lexikon Wikipedia den Begriff Spießer, der seine Ursprünge im Mittelalter hat. Damals wurden so Leute bezeichnet, die ihre Stadt mit einem Spieß bewaffnet verteidigten. Manche Autoren oder Journalisten machen den modernen Spießer eher an seiner geschmacklosen Kleidung oder an übertrieben kitschigen Wohnungseinrichtungen fest. Manch einer verbindet Spießigkeit auch mit dem Alter. Sprich: Je älter man wird, desto spießiger wird man. Anti-Spießertum als Privileg der Jugend? Nein, das wäre definitiv zu einfach.

Vielleicht liegt die Wahrheit irgendwo dazwischen, aber letztendlich hat der Begriff für jeden von uns eine Bedeutung und die Identität des Spießers kommt nicht von ungefähr.

So ist das Spießertum von vielen Dingen abhängig. Von der Lebenseinstellung, den Familienverhältnissen, der Erziehung, den Erlebnissen und von vielen weiteren, trivialen Dingen. Natürlich ist der Weg zur wahren Spießigkeit bei Menschen, die nichts erlebt, im Leben nichts gesehen und sich für nichts Intelligentes interessieren, kürzer und zielgenauer als bei anderen Zeitgenossen.

Letztendlich steckt aber in jedem Menschen ein kleiner Spießer, davon bin ich überzeugt. Und sei er nur in einer Keimzelle, in einem Blutgefäß versteckt, irgendwann tritt er zu Tage und für einen kurzen Moment wird das rationale Denken außer Kraft gesetzt. Wie die fehlende Schwerkraft, die einem Astronauten den Boden unter den Füßen raubt, befördert dich dieses kleine Spießerchromosom in einen grenzdebilen Zustand geistiger Umnachtung, der dich mit einem Gros der Umwelt kurzerhand vereint.

Diesen Zustand hat sicherlich jeder schon einmal erlebt. Plötzlich echauffiert man sich, wenn Leute Glasflaschen neben den vollen Container stellen, wenn sich mal wieder Jemand in der Supermarktschlange vordrängelt, wenn ein LKW deine Zufahrt blockiert oder wenn der Sohnemann die Hauswand mit Wasserfarben bemalt hat.

Zum Glück wird der Normalzustand in den meisten Fällen schnell wiederhergestellt und das Gehirn wird wieder ausreichend durchblutet. „So etwas hat dich doch sonst nicht interessiert", oder „das ist doch eigentlich eher zum Lachen" denkt man sich. Puh, Glück gehabt! Man freut sich, noch einmal die Kurve bekommen zu haben, ohne bleibende Schäden erkennen zu können.

Gleichwohl ist das Leben danach nur bedingt unverändert. Man fragt sich zwangsläufig, ob sich solche Anwandlungen wiederholen oder - noch viel schlimmer - ob sie sogar im Alter chronisch werden!?

Letztendlich bleibt das Spießertum aber in erster Linie eine Einstellungssache, die sekundär von der eigenen Lebensqualität beeinflusst wird. Hat man ein erfülltes Leben, ist nicht voyeuristisch veranlagt, kann im Normalfall nichts passieren. Ausnahmen bestätigen diese Regel.

Es sind aber auch Zeitepochen, die man durchlebt und die nicht selten Spießerattribute enthalten. So erinnere auch ich mich natürlich an mein erstes komatöses Schützenfest, an peinliche Karnevalssitzungen, grenzwertige Kultur- und Sportevents oder schwachsinnige Freizeitausflüge.

Mit 20 Jahren saß man mit einem Literkrug Weißbier in einem Oktoberfestzelt unter dem Eindruck furchtbarer Marschmusik oder lag am Ballermann 6 mit einem Sixpack San Miguel sowie einem Becher Red Bull Wodka und ließ sich von komplett hirnlosen Party- und Saufliedern berieseln.

„Hast Du eigentlich n` Knall"? dachte man sich am nächsten Morgen, verfiel aber wieder in den gleichen Trott und besann sich erst nach dem Rückflug eines Besseren. Vielleicht muss man diese Dinge auch einfach erlebt haben, um sie analysieren zu können.

Aus Studienzwecken quasi, sagt man sich heute, auch wenn sie vielleicht damals aus Überzeugung entstanden. In diesem Fall ist man aber zumindest jetzt - mit dem nötigen Abstand - geheilt.

1 Der alltägliche Wahnsinn

Der Wahnsinn beginnt, und das unmittelbar vor unserer Haustür. Deutsche Spießer hegen und pflegen ihr Haus und ihren Garten wie ihren Augapfel, und das nimmt teilweise sehr skurrile Formen an.

Bei Mietwohnungen ist dieser Irrsinn ebenso verbreitet, und diesmal zum Leidwesen der Mitbewohner der Häuser, die nicht immer verstehen können, warum ihre Nachbarn einen derartigen Wert auf die Mülltonne, das Fegen und die Pflege der Grünanlagen legen.

Ganz gefährlich wird es dann für den gesunden Menschenverstand, wenn sich die Bewohner eines Dorfes gemeinschaftlich organisieren, wenn Kinder den Dorffrieden stören oder wenn gar neue Leute in die Nachbarschaft ziehen.

1.1 Haus und Garten

Es sind diese typisch deutschen Tugenden und Rituale, die uns so unverwechselbar und gleichzeitig so unausstehlich machen. Zum deutschen Heiligtum gehören zweifellos Haus und Garten. Das Prinzip dabei ist klar: Ich schaffe mir ein schönes Zuhause, um meine Freizeit in den eigenen vier Wänden und den daran angrenzenden Außenbereichen zu genießen. Soweit ist alles in Ordnung, aber die Deutschen wären nicht wirklich deutsch, wenn sie nicht auch in diesem Bereich weit über dieses Ziel hinausschießen würden.

Manchen Menschen ist es nun einmal wichtig, einen positiven Anschein zu erwecken. Es geht darum, besser zu sein als andere. Es geht um Neid, Missgunst und Konkurrenzkampf, der manchen Personen offensichtlich in die Wiege gelegt wurde. Wird den lieben Nachbarn ein neuer Kühlschrank geliefert, muss binnen der nächsten vier Wochen eine zumindest gleichwertige Ware her. Anschließend dreht man im schlimmsten und peinlichsten Fall noch eine Runde um den Block und wartet darauf, dass man neidisch beäugt oder im Idealfall sogar angesprochen wird.

Bestellt Erna Klosowski von Nebenan den Maler, muss man natürlich reagieren. Was ist zu tun, fragen sich die spießigen Frührentner? Der Plan ist schnell erarbeitet und wird kurzerhand umgesetzt. Das Szenario kennt wahrscheinlich jeder Handwerker. Kaum verlässt er kurz seinen Einsatzort und geht zum Auto, lauern die Nachbarn ihm bereits auf. „Entschuldigung. Sie sind doch vom Fach. Darf ich sie mal was fragen?", schallt es ihm entgegen. Unter einem scheinheiligen Vorwand wird er angelockt und anschließend verhört.

Natürlich geht es nicht um den fachmännischen Rat, sondern darum, zu erfahren, was im Nachbarhaus vor sich geht. Erscheinen die Veränderungen bei den konkurrierenden Mitmenschen zu gravierend, wird prompt reagiert, und der Handwerker wird mit einem vergleichbaren Auftrag bedacht, wobei man selbstverständlich eine bessere, hochwertigere oder aufwändigere Bearbeitung verlangt.

Viel größer ist die Außenwirkung natürlich im Garten, denn den kann jeder sehen. Ein schöner und gepflegter Garten dient als Synonym für Wohlstand, Sauberkeit und Möchtegern-Aristokratie. Ist der Wohnraum noch so beengt und bescheiden, der Garten muss höchsten Anforderungen entsprechen, denn das sehen die Leute und darüber wird gesprochen. Folglich stellt der Winter die Paranoia der Bewohner vor die größte Geduldsprobe. In dieser Jahreszeit blüht nichts, und ob des vielen Schnees kann man auch nicht mit seinem englischen Rasen glänzen.

Das ist schon hart, wenn einem die Meinungen der Außenwelt derart wichtig sind. Immerhin bleibt einem ja noch die Vorweihnachtszeit. Das ist die Gelegenheit, durch peinliche Beleuchtungsattacken, kitschige Aufblas-Nikoläuse, Kunststofffrentiere oder andere visuelle Grausamkeiten auf sich aufmerksam zu machen. Die Hauptsache ist, dass es auffällt und möglichst teuer aussieht. Wo andere die besinnliche Adventszeit zur Ruhe und Familienpflege nutzen, dient diese anderen spießigen Ignoranten letztlich nur der persönlichen Genugtuung.

Kommt schließlich der Frühling, wird das Treiben immer hektischer. Kaum ist der Frost aus dem Boden, wird der Garten umgegraben, der Rasen vertikuliert, gemäht und gestriegelt. Bei der Gartenarbeit und beim Ankauf der Hilfsmittel vergessen die Langweiler alles, ihre Finanzen, ihre Familien, nur nicht ihre Umwelt. So schnell wie eben möglich, muss alles glänzen, blühen und sprießen. Es fällt einem schwer, eine rationale Erklärung für diese Aktivitäten zu finden. Es kommt doch nicht von ungefähr, dass mittlerweile fast alle Gartencenter auch am Sonntagnachmittag ihre Pforten öffnen, und zwar das ganze Jahr über.

Es ist wohl eine Mischung aus Beschäftigungstherapie, Profilneurose und Armseligkeit, die unsere floristischen Psychopaten antreibt. Hinzu kommt natürlich der sportliche Ehrgeiz, immer der Beste sein zu müssen und zu triumphieren. Jeden Sonntag werden Bekannte, Verwandte, Kollegen oder andere Personen - völlig egal - eingeladen, um ihnen das mühselig erstellte Outdoor-Paradies zu präsentieren. Man investiert Kosten und Arbeitseinsatz nicht für sich - wie es normal wäre - sondern für andere und das alles aus bloßem Geltungsbedürfnis.

Im Herbst nähert sich dieser Frohsinn dann aber leider dem Ende. Die Blumen verwelken, das Gras wächst nicht mehr und die schönen, grünen Blätter verfärben sich. Das ist natürlich bitter für unseren heimischen Gartenapostel. Kaum hat der englische Rasen seinen letzten liebevollen Schnitt bekommen, beginnt die Langeweile. Was ist nun zu tun? Bis zum Schnee schippen kann es noch Wochen dauern, aber zum Glück gibt es auch für den Herbst beliebtes Heimwerkerspielzeug.

Da gibt es zum Beispiel die Laubsauger oder -bläser. Von unseren Gartenfreunden geliebt, von ihren Nachbarn verhasst. Kaum erfreut man sich seiner Ruhe nach dem lärmintensiven Sommer, geht der Radau wieder los. Kaum liegt ein Blatt auf dem Boden, wird mit lautem Getöse das benzinbetriebene Wunderwerk der Technik angeschmissen und der Angriff auf die bösen Blätter beginnt.

Besonders sinnlos sind die so genannten Laubbläser, die den Gartenunrat nur von links nach rechts oder von A nach B transportieren. Laubsauger machen ja noch Sinn, aber darum geht es ja gar nicht. Es geht ja schließlich nicht um Arbeitserleichterung gegenüber dem Fegen oder ähnlichem, sondern um den Spaß an der Beschäftigung. Befördert der Laubbläser die Blätter nur an einen anderen Platz, hat man immerhin am nächsten Tag wieder einen neuen Arbeitsansatz und kann seine technischen Errungenschaften seinen Mitmenschen präsentieren.

Der Herbst ist natürlich auch eine schöne Jahreszeit, um endlich mal wieder die Hecken und Sträucher zu beschneiden. Rasen mähen geht ja bekanntlich aus Witterungsgründen nur noch bedingt. In diesem Zusammenhang ist die ordinäre Heckenschere natürlich zu langweilig und unspektakulär. Zum Glück gibt es auch eine elektrische Variante. Hauptsache es macht Lärm. Die Nachbarn sollen ja schließlich hören, was man da gerade macht.

Zuvor hat man natürlich auch noch dem geliebten Hochdruckreiniger die letzte Ölung des Jahres verpasst. Dabei handelt es sich gerade bei diesem Gerät um eine hochgradig sinnlose Gerätschaft, die gar nicht richtig sauber macht, hektoliterweise wertvolles Trinkwasser verbraucht und dazu noch die Natur schädigt. All dies hindert unseren Gartenpropheten natürlich in keinster Weise daran, die Plastikgartenmöbel stundenlang unter einem ohrenbetäubenden Lärm zu berieseln, um sie anschließend guten Gewissens bis zum nächsten Frühjahr einlagern zu können.

1.2 Die Dorfgemeinschaft

Teilweise wird diese grenzdebile Borniertheit sogar noch von der Öffentlichkeit forciert. „Unser Dorf soll schöner werden", hieß dieser typisch deutsche und hochgradig peinliche Wettstreit früher, der die Kleinbürgerschar regelmäßig in helle Aufregung versetzt und von den Kommunen und Verbänden sogar noch gefördert wird. Während introvertierte Normalbürger beim Anblick der Wettkampfjuroren die Rolläden verschließen und die Extrovertierten unter ihnen am liebsten zum nachbarschaftlichen Amoklauf übergehen möchten, fallen unsere Außendarstellungspropheten vor der Delegation förmlich auf die Knie wie gläubige Katholiken vor dem Papst.

Ehrfürchtig nehmen sie die Verbesserungsvorschläge an und geloben Absolution und Besserung. Wer möchte schon bei der nächsten Versammlung der Dorfgemeinschaft die abfälligen Blicke auf sich ziehen? Das ultimative Horrorszenario wäre natürlich, wenn die Benennung deiner Wahlheimat als so genanntes Golddorf ausgerechnet an dem Misthaufen hinter deiner Hecke scheitern würde. Dein Leben wäre beendet, nutzlos, der Freitod unausweichlich. Er wäre die gerechte Strafe für deine Schlamperei, die ganze Landstriche in Verruf bringt. Um nichts auf der Welt möchtest du die Gemeinschaft weiter mit deinem Antlitz und deiner Existenz besudeln.

Womit wir beim Stichwort wären. Dorfgemeinschaften sind, wie der Name schon sagt, in erster Linie gemein, um nicht zu sagen gemeingefährlich. Es ist ihr Job, ihre Bewohner zu bevormunden und bei Nichtachtung abzustrafen. Es ist eine moderne Hexenjagd, die Abtrünnige ausschließt und ihnen das schlechte Gewissen am liebsten in die Venen injizieren würde.

Manch einer zieht von der Stadt aufs Dorf, um seine Ruhe vor dem Großstadtlärm zu haben und erlebt ein böses Erwachen. Bereits nach wenigen Tagen nerven ihn seine neuen Nachbarn mit vermutlich sogar nett gemeinten Willkommensgeschenken in Verbindung mit den ersten Sondierungsgesprächen im Rahmen der Dorfgemeinschaft. Verweigert man sich der debilen Zweckgemeinschaft, wird man zunächst gemieden, anschließend verachtet und schließlich verflucht.

Spätestens nach der zweiten verpassten Teilnahme am jährlichen Grünflächenaufräumdienst bekommt man keine Einladung mehr und lebt fortan am Rande der Legalität. Warum verweigern sich diese Leute derart penetrant ihren ersten Bürgerpflichten? Mit denen stimmt doch etwas nicht. Das müssen Terroristen oder vergleichbare Untergrundkämpfer sein. Warum würden sie sonst in diese Einöde ziehen, ohne sich im unmittelbaren Anschluss auch gemeinnützig zu engagieren?

Auf diese Art entstehen Gerüchte und das schlechte Gewissen wird einem quasi eingeimpft und implantiert. Die Dorffanatiker strafen dich mit ihren Blicken, wenn du gerade erst mit verschlafenen Augen und Baseballkappe im Gesicht deine Brötchen holst, während sie bereits stundenlang das dörfliche Umland von Müll und Vandalismusschäden befreit haben. Sie grenzen dich aus, wissen dabei aber gar nicht, wie irrational ihr Handeln ist und wie dermaßen peripher dich ihre Einstellung tendiert. Die Hauptsache ist doch, sie haben etwas zu erzählen und fühlen sich selbst großartig und gemeinnützig.
Muss man denn wirklich alles organisieren, anstatt sich um seinen eigenen Kram zu kümmern? Muss man denn wirklich immer der Beste sein, im schönsten Dorf mit Auszeichnung wohnen und seinen Mitmenschen einen irrationalen Konkurrenzkampf aufzwingen, den diese gar nicht als solchen

erachten? Kann man nicht einfach bei schönem Sonnenschein gemeinsam eine Tasse Kaffee oder eine kühle Flasche Bier trinken, ohne dabei sein Gegenüber aus egoistischen Motiven zu be- oder entwerten?

Man könnte schon, aber leider nicht in Deutschland.

1.3 Mietshäuser: Der Wahnsinn geht weiter

Wohnt man in einer Mietwohnung, etwa in der Vorstadt, ist die Lage allerdings auch nicht weniger fatal. Verrückte gibt es ja bekanntlich überall, und leider sind sie nicht beschriftet. Die alte Dame mit dem Gehwagen und dem gebückten Gang kann im Extremfall ganz schnell zur tyrannischen Märtyrerin werden, wenn es um die Verteidigung der heimischen Ordnung geht.

Natürlich gibt es auch jüngere Menschen, die ihre Spießigkeit zur Schau stellen, wenn es um ihr Heim geht. Dabei ist es gar nicht ihr Haus. Sie sind nur Mieter, so wie du, denkt man sich, aber leider verhalten sie sich nicht so. Ich habe mir früher immer bei den unsäglichen Zahnarztbesuchen gedacht: „Was länger als zwei Minuten in meinem Mund ist, gehört mir", und habe damit dem Dentalartisten das Leben schwer gemacht.

Ähnlich verhält es sich bei den meist betätigungsarmen Mitmenschen, die längere Jahre in einer Wohnung hausen. Richtig. Irgendwann denken sie, das Haus gehört ihnen. Während der Vermieter bei seinen Routinebesuchen und dem Anblick dieser Personen bereits frühzeitig Reißaus nimmt, wirst du zwangsläufig mit diesen Individuen konfrontiert.

Egal, zu welcher Tageszeit du ihnen begegnest, es gibt immer was zu sagen. Verlässt du morgens das Haus in Richtung Büro, lauern sie dir bereits auf und erinnern dich an deine häuslichen Pflichten. Was für häusliche Pflichten denkst du dir, schließlich sind diese nirgendwo dokumentiert. Das interessiert deine tyrannischen Mitbewohner allerdings nicht. Sie kehren schließlich dreimal am Tag den Gehsteig, polieren ihren Briefkasten, mähen den Rasen mindestens einmal in der Woche und gießen ihre selbst gepflanzten Blumen stündlich.

Und was ist der Dank? Nichtachtung ihrer Bemühungen und die gleichzeitige Vernachlässigung der Pflichten durch ihre skrupellosen Mitmenschen.

Investiert man derart viel Zeit und Mühe in sein Mietshaus, kann man natürlich auch ähnliche Aktivitäten von seinen Mitmenschen erwarten, denkt sich das Vorstädter-Kleinhirn. Dass es dir vielleicht egal ist, wie viele Blümchen vor dem Haus blühen, ob die Mülltonnen glänzen oder mal wieder drei Blätter vor der Haustür liegen, dringt allerdings nicht in ihre Synapsen.

Sie stellen Regeln auf, ihre eigenen Regeln. Diese zementieren sie in ihre Köpfe und fordern die Erfüllung ein. Warum mähen Sie Ihren Garten nicht? Warum grillen Sie so oft, anstatt ihren häuslichen Pflichten nachzukommen? Muss ich diese Fragen wirklich beantworten? Vielleicht gefällt mir die Blumenpracht auf meinem Rasen einfach, und ich bin darüber hinaus ein sehr geselliger Mensch?

Hat mich jemand gefragt, ob ich am Samstagmorgen um acht vom Lärm des Hochdruckreinigers geweckt werden möchte? Hat mich jemand gefragt, ob ich am Sonntagnachmittag von hysterischen Rentnerinnen im Doppelkopfrausch mit ihren geistlosen Gefühlsausbrüchen am Rande des Nervenzusammenbruchs beim Sonnenbad gestört werden möchte? Nein, natürlich hat mich Niemand gefragt.

Ein oft bemühtes Ritual ist natürlich auch das Hegen und Pflegen der Nachtruhe. Im Eigenheim hat man da weitestgehend freie Hand, aber nicht in einem Mietshaus. Kommt man einmal nach 22 Uhr nach Hause, sorgt das schon für Irritationen. „Was kommt der denn so spät nach Hause?", fragt sich die alternde Mitbewohnerin, die sich nach einem hektischen Tag mit Wäsche waschen, Gartenpflege, Arztbesuchen und dummes Zeug reden natürlich nach ihrer wohl verdienten Ruhe sehnt.

Man hat schon fast ein schlechtes Gewissen, wenn die Holzdielen im Treppenhaus quietschen oder man sich erdreistet, nach dem Wohnungseintritt die Musik noch auf Zimmerlautstärke zu stellen. Man nimmt zwangsläufig übermäßig viel Rücksicht, ohne wirklich zu wissen, warum? Leise schleicht man sich abends in den Wäschekeller, als würde man die Leichenteile seiner Stieftante in Einmachgläsern transportieren.

Am nächsten Morgen um kurz nach sieben fragt man sich dann beim Abschreiten der Kellertreppe, warum der Trockner offensichtlich immer noch läuft. Natürlich haben die lieben Nachbarn diesen pünktlich um 22 Uhr aus Ruhegründen ausgesteckt, um ihn dann am nächsten Morgen um kurz vor sieben wieder einzustecken. Erfüllt von morgendlichem Hass, betritt man wieder die Wohnung, streift sich ein anderes Hemd über und verlässt wutentbrannt das Haus.

Neben den unmittelbaren Nachbarn ober- oder unterhalb, können einem auch die Personen des Nachbarhauses das Leben schwer machen. Nicht nur im Job oder gegenüber seiner Liebsten, nein, auch bei dem Nachbarschaftsplausch muss man seine Wortwahl ganz genau beachten. Oft sind die beschäftigungsarmen Bewohner der Häuserblöcke untereinander abgrundtief verfeindet. Sie fragen sich, warum die Anderen ständig neue Dinge kaufen und/oder schlichtweg ihre Wäsche zu oft oder zu selten auf der Gartenleine präsentieren.

Es gibt so viele banale Dinge, über die man sich echauffieren kann, und ehe man sich's versieht ist man mittendrin im Nachbarschaftszwist. Nun wird die Sache fatal, denn – egal, wie man sich verhält – es ist auf jeden Fall verkehrt. Sagt man nichts zu den vermeintlichen Sorgen, ist man ein Ignorant, äußert man sich, kommen diese Kommentare nicht selten wie ein Bumerang zurück. „Frau Müller, hat gesagt, Sie hätten gesagt, ich sei eine blöde Kuh", schallt es einem an einem mutmaßlich ruhigen Morgen aus dem Treppenhaus entgegen.

Na großartig! Beim letzten Lästerangriff vom Nachbarn gegenüber hat man beiläufig in die Hasstiraden eingestimmt und seinem Unmut über die unmittelbaren Nachbarn und in ihren übertriebenen Gartenverschönerungswahn kurzfristig zugestimmt, und natürlich bleiben solche Äußerungen nicht ungesühnt. „Wie kann man so dumm sein?", denkt man sich, und wie kommt man aus der Nummer wieder heraus? Es hätte einem doch klar sein müssen, dass es den Nachbarn nur darum geht, Gleichgesinnte zu finden und dass derartige Äußerungen ein gefundenes Fressen für die Forcierung des Nachbarschaftsduells sind.

Natürlich erklärt man anschließend unwahrheitsgemäß, dass diese Verbalinjurien nicht so gemeint und darüber hinaus völlig aus dem Zusammenhang gerissen wurden. Gleichwohl hat sich das Leben nun monumental verändert. Frau Lotkowski wird nun bei ihren regelmäßigen Kontrollgängen durch den Hausflur noch genauer hingucken. Sie wartet auf den nächsten Fehler deinerseits, den sie gegen dich verwenden kann.

Der ganze normale Wahnsinn des miethäuslichen Zusammenlebens geht nun erst richtig los und natürlich blickst du nun bei der nächsten Studie deiner Samstagszeitung neben dem Sportteil auch seit Langem mal wieder in den Bereich der Wohnungsannoncen. Du gehst den Weg des geringsten Widerstandes, und das alles eigentlich nur, weil du endlich deine Ruhe haben willst.

Ist der unliebsame Nachbar aus dem Haus, wird die Lage natürlich nicht besser werden, denn recht machen kann man es Frau L. so leicht nicht. Holt man also Tage später seine letzten Sachen aus dem Keller und wird dabei ertappt, nutzt sie die Gelegenheit, um über deine auf den ersten Blick eigentlich ganz netten und zum Glück wenig nervtötenden Nachmieter zu sprechen.

„Die sind so ruhig. Die haben doch bestimmt etwas zu verbergen", berichtet man mir. Mit einem verschmitzten Lächeln rate ich ihr, die Augen gut offen zu halten, schließlich wisse man ja nie, zu welchen Dingen Menschen in der heutigen Zeit fähig sind. Das liest man ja jeden Tag in der Zeitung. Mit einem bangen Blick auf meine bedauernswürdigen Nachmieter verabschiede ich mich auf Nimmerwiedersehen und würde den neu Eingezogenen gerne noch mit auf den Weg geben:

„Sie haben ja keine Ahnung, worauf sie sich eingelassen haben!?"

1.4 Sauberkeit und Ordnung: Abfall-Apostel

Etliche Dienstleistungen sind in unserem Land generalstabsmäßig geplant und organisiert, so auch die Müllentsorgung. Das ist ja auch gut so, aber leider schießen einige Mitbürger in diesem Bereich weit über das Ziel hinaus. In ihrem Alltag avanciert der Abtransport des Unrats zu einer Art Lebenselixier, was ihren Mitmenschen das Leben nachhaltig erschwert und sie gleichermaßen am Geisteszustand ihrer Nachbarn zweifeln lässt.

Wohl dem, der seine Mülleimer selbstständig verwalten kann. Verfügt man über ein Eigenheim, hat man es gut. Man kann seine Mülltonnen vor die Tür stellen wann man möchte und somit der inszenierten Tyrannei entgehen. Hortet man seine gelben Säcke monatelange im Keller oder stellt die Tonnen nicht rechtzeitig raus, ist man selber schuld, erstickt zwar gegebenenfalls in seinem Müll, hat aber ansonsten seine Ruhe.

Wohnt man in einem größeren Mietshaus, ist die Sache nicht mehr so einfach. Nun muss man sich zwangsläufig arrangieren und ist den Abfallpropheten oftmals hilflos ausgeliefert. In den meisten Fällen muss man hier allerdings zwischen den Generationen unterscheiden. Junge Menschen sehen die Abfallentsorgung eher pragmatisch und freuen sich, dass überhaupt irgendjemand irgendwann ihren Unrat entsorgt.

Bei älteren Menschen ist die Angelegenheit oft nicht so einfach. Ist man erst einmal im Rentenalter angelangt und wohnt immer noch in seiner kleinen Mietwohnung, werden die Tage schon einmal lang und eintönig. Mit einem eigenen Hausgrundstück ergibt sich immer eine Tätigkeit in Haus oder Garten. Man kann sich austoben und gerät nicht in die Verlegenheit, seine

Mitmenschen durch demonstrative Borniertheit buchstäblich in den Wahnsinn zu treiben.

Den ganzen Tag lesen, fernsehen, spazieren gehen oder aus dem Fenster schauen ist natürlich auf Dauer auch keine Erfüllung. Darüber hinaus möchte man auch nach der Erwerbstätigkeit gerne weiter am gesellschaftlichen Leben teilnehmen. Leider engagieren sich diese Menschen aber oftmals nicht in karitativen Einrichtungen, sondern kehren zunächst einmal buchstäblich vor der eigenen Tür.

Ist draußen dann schließlich alles sauber, steigert sich der Ordnungswahn systematisch und die Gefahr für die Mitbewohner steigt. Ältere Menschen sind oft gläubig, gehen sonntags in die Kirche und lesen regelmäßig in der Bibel. Neben dem Wort Gottes und ihrem Gesangbuch gibt es aber leider noch eine weitere heilige Schrift: Den Abfuhrkalender.

In dieser Broschüre dokumentiert die Stadtverwaltung, wann welche Mülltonnen entleert werden und was man sonst so alles beachten muss bei der Abfallentsorgung und -trennung. Ältere Damen vergessen eher ihr Gebiss, die Geburtstage der Enkelkinder oder ihren Mädchennamen als die Termine der Müllentsorgung.

Kaum ist das kostbare Dokument in den Händen der alternden Pioniere, werden Pläne geschmiedet, verworfen, neu strukturiert, um letztendlich festzulegen, wer im Hause wann für die Bereitstellung der Mülltonnen für die Entsorgungsunternehmen zuständig ist. Bis dahin ist noch alles in Ordnung. Nun weiß jeder Mieter, wann er an der Reihe ist und es gibt keine Verwirrungen. Zunächst.

Leider haben viele Menschen – gerade in diesem unserem Land – aber die dumme Angewohnheit, sich eben nicht nur um ihren eigenen Kram zu kümmern. Teilweise resultiert diese penetrante Angewohnheit aus gesteigerter Langweile heraus, teilweise auch aus mutmaßlich höheren Motiven. Diese sind natürlich vollkommen irrational. Es geht diesen Menschen nur um das Gemeinwohl und womöglich meinen sie es sogar noch gut.

Wie dem auch sei. Da ich meine Mülltonnen immer ordnungsgemäß und überpünktlich gut 15 Stunden vor der Abholung parat stelle, habe ich natürlich auch das Recht, diese oder ähnliche Angewohnheiten von meinen Mitmenschen zu verlangen. Steht also die Mülltonne, für die Frau Gerlach aus dem dritten Stock zuständig ist, um 18 Uhr noch nicht an der Straße, schrillen die Alarmglocken im Hause Meier und die pünktliche Ausrichtung des Abendbrotes hängt am seidenen Faden.

Hektisch wird ein Schlachtplan entwickelt. Was mag da wohl passiert sein? Ist ihr vielleicht etwas zugestoßen, oder warum geht die Dame aus dem dritten Stock auf so infame Weise ihrer mutmaßlich ersten Bürgerpflicht nicht nach? Eine Stunde der Ungewissheit vergeht, und immer noch ist beim verstohlenen Blick aus dem Küchenfenster die graue Tonne mit der Aufschritt12 nicht in Sicht. „Geh doch mal hoch und guck nach dem Rechten", weist Frau Meier ihren Alfred zurecht, der dann auch missmutig nach weiteren 20 Minuten die Treppen hinauf stiefelt.

Es ist natürlich nichts passiert, und die zuständige Mitbewohnerin war gerade im Begriff, ihrer Pflicht nachzukommen. Der Abend im Hause Meier ist zunächst gerettet. Man kann beruhigt zu Bett gehen, immer in der Gewissheit, Sauberkeit und Ordnung im Haus auch dieses Mal nicht aus den Augen verloren zu haben.

Am nächsten Morgen verfällt man natürlich nach dem Frühstück wieder in die alltägliche Tristesse und macht sich zwangsläufig neue Gedanken um die Optimierung der häuslichen Entsorgungsmaschinerie. Am gestrigen Tag ist man nur um Haaresbreite einer existentiellen Katastrophe entgangen. Was wäre gewesen, wenn die Mitbewohnerin nicht im Haus gewesen wäre? Im schlimmsten Fall wären dann die Mülltonnen nicht rechtzeitig an die Straße befördert worden.

Ein solcher Ernstfall darf sich auf keinen Fall wiederholen, da ist man sich im Hause Meier einig. Es müssen Maßnahmen ergriffen werden, Präventivmaßnahmen. Was läge da näher, als den zuständigen Mülltonnenbeförderer rechtzeitig an die Erfüllung seiner Pflicht zu erinnern. Eine perfide Treibjagd beginnt, die labile Mitbewohner auch schon mal in den Wahnsinn treiben kann.

Zunächst wird das neue Opfer persönlich angesprochen und an den nächsten Termin erinnert. Alles schön und gut, aber damit nicht genug. Je näher der Termin x rückt, umso akribischer werden auch die Erinnerungsaktivitäten. Mitteilungen im Briefkasten oder Haftnotizen an der Wohnungstür erinnern den mittlerweile leicht genervten Hausbewohner an seine häuslichen Pflichten.

Selbst der Demenz nahe, behandelt man seine Jahrzehnte jüngeren Mitbewohner wie kleine Schuljungen, die zum ersten Mal selbstständig ihre Hausaufgaben machen müssen. Man bleibt natürlich trotzdem höflich, schließlich wurde einem bereits in der Erziehung eingebläut, ältere Menschen mit Respekt zu behandeln. Teilweise lauern die Senioren bereits an der Tür, die Klinke in der Hand und sobald sich die Haustür öffnet, fallen sie einen im Schlafrock an wie eine Mumie in der Geisterbahn.

Natürlich denkt man sich im Stillen: „Mein Gott, habt ihr nichts anders zu tun?", wobei man diese Frage natürlich recht einfach verneinen kann. Bei der wiederholten Erinnerung hat man dann auch schon mal etwas anders auf der Zunge liegen, wie etwa: „Da oben ist doch so ein nettes Seniorenheim, und da muss man auch die Mülltonnen nicht selbst hinausbefördern."

Natürlich sagt man auch diesen Satz nicht laut, und das Unheil nimmt seinen weiteren Verlauf. An weiteren ereignislosen Tagen können die Müll-Apostel auch schon mal auf die Idee kommen, die Müllbeutel ihrer Mitbewohner zu kontrollieren und ihnen anschließend einen didaktischen Vortrag über die richtige Mülltrennung zu halten.

Man ahnt nichts Böses, es klingelt an der Wohnungstür, und ein völlig fahriger, empörter Oldie streckt einem mit starrem Blick eine leere Fischdose entgegen und eröffnet den sinnlosen Dialog mit den Worten: „Das habe ich in der Restmülltonne gefunden." Fein, denkt sich der leicht genervte Fischverzehrer, aber warum nervst du mich damit.

So leicht könnte man auf diese Steilvorlage kontern und dem Gespräch zu einem jähen Ende verhelfen. „Glückwunsch. Die können Sie natürlich behalten", oder: „Ich habe da eine Idee. Setzen Sie sich doch unmittelbar neben die Tonne. Da gibt es sicher noch mehr zu tun, und Sie lernen neue Leute kennen." All das sagt man natürlich nicht, aus Respekt vor Lebensalter, Hausfrieden und all diesen Plattitüden. Vielmehr lenkt man ein, bedauert seinen Fauxpas, gelobt Besserung und fühlt sich anschließend hundeelend ob seiner fehlenden Courage.

Ein sehr beliebter Tag ist auch der Termin der Sperrmüllabfuhr. Ein temporäres Highlight, das den Alltag eines gelangweilten Rentners noch einmal gehörig aufmöbelt. Nicht etwa, weil man selber etwas entsorgen möchte. Nein, das tun doch schon die anderen und das wirft natürlich Fragen auf. „Haben Sie den Sperrmüll auch angemeldet", schallt es durch einen dünnen Türspalt, während man gerade den Wohnzimmerschrank um die Flurecke hievt und die Frage mit dem letzten verfügbaren Atemzug positiv beantwortet.

Dann herrscht ein paar Minuten Ruhe. Familie Meier ist zunächst einmal erleichtert, dass der Unrat dann wohl doch nicht mehrere Tage das Antlitz des Hauses verschandelt. Damit aber noch nicht genug, denn es gibt noch mehr zu besprechen. Zunächst einmal muss man die jungen Leute natürlich dirigieren und genau vorzeichnen, wo diese denn ihre alten Möbel platzieren können, damit auch gleichzeitig noch genügend Autos auf dem Gehweg parken, die Frau mit dem Kinderwagen vorbei- und Alfred mit der Schubkarre durchkommt.

Dann fällt den rüstigen Rentnern geistesgegenwärtig ein, dass man doch vielleicht auch noch Sperrmüll im Keller hat. Weitere wenige Minuten später wird einem dann beim Abtransport der nicht ganz so leichten Waschmaschine erneut aufgelauert, die Wohnungstür geht auf und Erna fragt mit gesenkter Stimme und bangem Blick: „Dürfen wir vielleicht noch ein, zwei Sachen hinzustellen?" Damit ist der Tag gelaufen, und beim nächsten Mal überlegt man sich zweimal, wann und ob man einen neuerlichen Sperrmülltermin anmeldet.

Das ist aber alles noch nicht so schlimm, denn richtig fatal wird es erst, wenn mal wirklich etwas schiefläuft. Haben die alternden Nachbarn dann doch mal etwas anderes zu tun und vergisst man tatsächlich mal seine Entsorgungspflicht, wird die Situation fatal. Nun gerät das geregelte Leben der Oldies vollends aus der Bahn und das sichere Ableben im eigenen Unrat nimmt Konturen an. Berechtigte Vorhaltungen ob der unterlassenen Bürgerpflicht sind nur der Anfang, fortan beginnt ein wochenlanges Spießrutenlaufen. Böse Blicke, mahnende Krückstöcke und hysterische Wortgefechte kolportieren einem die ultimativen Schuldgefühle.

Natürlich gibt es Schlimmeres, und in den meisten Fällen reichte der restliche Stauraum in den Entsorgungsbehältern auch noch bis zum nächsten Abholtermin, aber das interessiert die Abfallapostel nicht. Wehret den Anfängen, lautet ihre Devise, und schließlich ist der nachlässige Müllentsorger von heute der potentielle Gewaltverbrecher von morgen.

Eigentlich könnte einem diese verklemmte und bornierte Pflichteinstellung nur peripher tendieren, aber auf Dauer brennen sich diese überlagerten Schuldgefühle ins Unterbewusstsein ein, ohne dass man es bemerkt. Man wacht nachts schweißgebadet auf, und denkt sich: „Habe ich den Müll auch rausgestellt?", obwohl man gar nicht an der Reihe ist. Leider ist es damit nicht genug, und man weiß selber nicht mehr, ob die eigene Nachlässigkeit wirklich nur eine Lappalie ist oder tatsächlich ein Verbrechen an der Allgemeinheit.

Im schlimmsten Fall ändert man sogar seine Gewohnheiten, geht morgens früher aus dem Haus, die Baseballkappe tief ins Gesicht geneigt oder kommt abends erst später als gewohnt nach Hause. Man schrickt zusammen, wenn sich eine

Wohnungstür bewegt und vermutet den lauernden Feind hinter jeder Ecke, der einen einmal mehr an seine kollektive Schlechtigkeit erinnert und mit Schimpf und Schande übersät.

Ehe man sich's versieht ist man selbst in dem Bann gefangen, im Bann der Müllentsorgungsgurus und nichts ist mehr so, wie es einmal war.

1.5 Böses Kind!

Viele Spießer haben ein natürliches Feindbild. Es ist kleiner als sie, aber dafür sehr gemein. Es ist laut und lässt sich schwer kontrollieren. Es ist verspielt, aber dennoch gefährlich. Es entdeckt die Welt erst, ist aber dennoch eine große Gefahr für diese. Wir sprechen von der Spezies Kind.

Spießer mit Kindern und Enkelkindern sind meistens sensibilisiert, wenn sie noch regelmäßig Kontakt mit diesen haben. Allerdings vergessen auch diese oft, wenn der Nachwuchs den Garten zerwühlt oder rumlärmt, dass sie selbst mal klein waren.

Für Spießer ohne Nachwuchs, bedeuten die kleinen Drei-Käse-Hochs allerdings eine große Gefahr, und oftmals fürchten sie diese mehr als einen Kometen. Bekommen die Nachbarn am Wochenende Besuch von ihren Enkelkindern, werden zunächst einmal Vorsichtsmaßnahmen getroffen.

Die Blumentöpfe vor dem Haus werden versetzt oder gesondert stabilisiert. Der Gemüsegarten wird kurzerhand eingezäunt, die Gartenzwerge im Keller verstaut und das Garagentor mit einem Sicherheitsschloss versehen.

Nichts wird dem Zufall überlassen, wenn die unberechenbare Bande ihr Unwesen treibt. Reist die Bagage dann an, platziert man sich zunächst demonstrativ im heiligen Garten. Damit steckt man sein Terrain ab und zeigt dem Feind gleichermaßen, welches Feld man zur Not mit seinem Leben bewachen und verteidigen möchte.

Sobald sich die Haustür der Nachbarn öffnet, schnellt der Puls nach oben. Was ist zu tun, wenn einer der Kurzen mit dem Fahrrad in den Gemüsegarten rast, oder die unsäglichen Plagegeister die Pflanzen berühren? Man kann ja schließlich nicht immer und überall sein.

Wenn man dann auch noch bei Kaffee und Bridge in der Gartenlaube von Kindergeschreie gestört wird, ist das Wochenenddesaster komplett. Was für eine schreckliche Welt, in der die eigene Einöde immer wieder durch unberechenbare Fremdlinge torpediert wird!

Abends wird noch kurz ein Kontrollgang gemacht, und wenn man keinen Kinderlärm mehr hört, kann sich das hart gebeutelte Rentnerpaar erholen und mit einer Portion Baldrian im Tee die wohlverdiente Nachtruhe genießen. Schließlich steht ein weiterer Kampftag bevor, eine weitere Verteidigung der heimischen Bastion.

Der beginnt aber glücklich: Die Nachbarskinder machen offenbar einen Ausflug. Der Tag scheint zunächst gerettet, aber was sehen die schwachen Augen da? Einen jungen Mann mit zwei Hunden. Kurzerhand nimmt der Herr des Hauses schon mal den Spaten zur Hand. Man weiß ja nie.

Seine Gattin verfolgt mit kritischem Blick jeden Schritt und jede Bewegung der Vierbeiner. Nicht auszudenken, wenn diese Untiere ihren Garten betreten oder womöglich noch besudeln. Zum Glück wurde auch diese Gefahr abgewendet. Das Herrchen hat die ernste Lage rechtzeitig erkannt und freiwillig das Feld geräumt.

Leider kommen die Blagen bereits nach zwei Stunden zurück und machen prompt die Nachbarschaft unsicher. Nur Minuten später passiert das Unvermeidliche. Klein Kevin fährt mit seinem Rad über die Wiese und kann seine Höllenmaschine gerade noch vor dem Gemüsebeet zum Halten bringen. „Böses Kind. Da sollst Du doch nicht herfahren", giftet die Dame des Hauses in Richtung des völlig verunsicherten Kindes.

Starr vor Angst und Unverständnis harrt der Kleine kurz aus, zieht das Gesicht zusammen und schleicht dann von dannen. Kinder haben ein sehr gutes Gespür, wann sie unerwünscht sind, und fortan suchen sich die Kurzen eine andere Spielwiese. Die Schlacht ist gewonnen, und die Eheleute blicken sich triumphierend an.

Natürlich könnte man jetzt sagen. Warum agieren Spießer Erna und Spießer Heinz derart penetrant und lieblos gegenüber den Nachbarskindern? Sie waren doch selbst mal klein. Falsch. Waren sie nicht. Sie waren schon immer so, hatten schon bei der Geburt eine Gartenschürze um und eine Harke in der Hand. So muss es gewesen sein, zumindest erwecken sie den Anschein und glauben wahrscheinlich selbst dran.

Als die ungeliebten Gäste der Nachbarn schließlich abreisen, ist die Ruhe im Rahmen ihrer kleinbürgerlichen Idylle endlich komplett wiederhergestellt. Jetzt kann man die kostbare Gartendekoration ohne schlechtes Gewissen wieder aus dem Keller holen und einer weiteren Lieblingsbeschäftigung nachgehen. Dem Einkauf im Gartencenter.

1.6 Neue Nachbarn

Spießer brauchen eigentlich keine Zeitung, zumindest keine Lokalzeitung. Neuigkeiten sprechen sich rum, und zwar rasend schnell. Manchmal eins zu eins, teilweise verzerrt. Die Stille Post lässt grüßen. Besonders interessant sind gesellschaftliche und wohnliche Veränderungen.

Neue Nachbarn zum Beispiel, die sich ankündigen. Es gibt immer jemanden, der Beobachtungen gemacht hat oder Informationen erhaschen konnte. „Haste schon gehört? Da vorne ziehen neue Leute ein", heißt es dann, und diese Neugierde steckt natürlich an.

Schnell werfen diese Neuigkeiten etliche Fragen auf:
„Was sind das für Leute?"
„Haben die Kinder?"
„Oder einen Hund?"

Beim näheren Überlegen wird dieser Katalog durch Detailfragen erweitert:
„Was machen die denn beruflich?"
„Was fahren die für ein Auto?"
„Kümmern die sich wohl um ihren Garten?"
„Was haben die für Möbel?"
„Ob die Geld haben?   "

All diese Fragen müssen natürlich beantwortet werden, schließlich möchte man ja wissen, was da auf einen zukommt. Oftmals werden bereits im Vorfeld Gerüchte über die „Neuen" in die Welt gesetzt, so dass diese noch nicht einmal die Möglichkeit haben, vorurteilsfrei einzuziehen. Vielfach kämpfen sie bereits von der ersten Minute an gegen Vorurteile und

Widerstände. Ein Spießrutenlauf um Anerkennung und Ruhe. Am besten füllt man bereits am ersten Tag einen Fragebogen aus und verteilt diesen an die neugierigen Nachbarn. Aber auch das wäre natürlich verkehrt.

Natürlich werden Habseligkeiten wie Auto und Möbel streng, wenn auch unauffällig beäugt. Dann geht man halt am Vormittag nicht einmal, sondern viermal mit dem Hund raus. Er könnte ja Magenprobleme haben. Hauptsache, einem entgeht nichts und man hat etwas zu erzählen. Darüber hinaus will man ja konkurrenzfähig bleiben, und wenn man rechtzeitig erkennt, was die „Neuen" alles haben, kann man zeitnah reagieren.

Ist der Herr des Hauses dann nach einer Woche immer noch zu Hause, werden weitere Gerüchte und Vorbehalte gestreut. Natürlich könnte er schlicht und einfach Urlaub haben oder von zu Hause arbeiten, aber diese Erklärung wäre zu einfach, zu banal und letztendlich auch unbefriedigend, denn dann könnte man ihm ja auch nichts andichten.

„Der ist bestimmt arbeitslos", sagt Erna zu ihrem Mann, der diese Äußerung als eine ihrer üblichen Spinnereien abtut. Das lässt die gute Frau aber nicht auf sich sitzen, und spätestens beim nächsten nachbarschaftlichen Kaffeeklatsch wird das Szenario erörtert, und natürlich spielen noch weitere Aussagen mit in das Bild der neu Zugezogenen. Die Kinder sind zu laut, der Hund scheißt die ganze Gegend voll und die Mama hat bestimmt etwas zu verbergen, weil sie ihr Haus nur maximal einmal am Tag verlässt. Den negativen Beobachtungen und Mutmaßungen sind keine Grenzen gesetzt.

Am schlimmsten ist aber die vermeintliche Arbeitslosigkeit des Familienoberhauptes, denn dies hat weitgreifende

Konsequenzen. Aus der geliebten und geachteten Boulevardpresse weiß man ja schließlich genau, dass Arbeitslose faule Säcke sind, die ihren tüchtigen Landsleuten nutzlos auf der Tasche liegen.

„Ich gehe jeden Tag arbeiten und sehe nicht ein, solchen Leuten ihr Leben und ihren Großbildfernseher zu finanzieren", schallt es dann mit der Folge zustimmender Genugtuung. Das Feindbild ist komplett.

Kommen die neuen Nachbarn unvorbereitet und guten Mutes nach einigen Tagen auf ihre Nachbarn zu, um sich vorzustellen, sind sie bereits gebrandmarkt. Eine unvoreingenommene Zusammenkunft oder ein friedliches Miteinander ist kaum noch möglich. „Jetzt wollen diese Sozialschmarotzer sich auch noch einschleimen", denkt sich der eine oder andere Boulevardpressegeschädigte.

Kümmern sich die neuen Nachbarn dann noch nicht einmal um ihren Garten, vielleicht weil sie noch andere Dinge zu tun hatten, und verschandeln damit das schöne Kollektiv, ist der Ruf endgültig ruiniert. Das geht ja auch gar nicht. Uns fleißigen Mitmenschen auf der Tasche liegen, und dann auch noch unser Dorf verschandeln.

Fährt der Papa dann doch wieder arbeiten oder geht auf Geschäftsreise und lädt anschließend seine Nachbarn zu einer pompösen Gartenparty ein, ist er natürlich noch lange nicht resozialisiert. Dann ist er eben ein versnobter Angeber, der sich bei der Dorfgemeinschaft einschmeicheln möchte, und das mit Sicherheit nicht ohne Hintergedanken.
Es ist halt mancherorts schwer oder teilweise auch unmöglich, es seinen neuen Nachbarn recht zu machen. Aber letztendlich

braucht das ja auch kein Mensch. Für sie zählen vielfach ohnehin nur Leute, die mit ihnen an diesem Ort aufgewachsen sind, ihn nie verlassen haben und auch dort begraben sein möchten.

1.7 Weihnachtswettrüsten

Kaum sind die ersten Weihnachtsmänner, die es ab dem Spätsommer zu kaufen gibt, verdaut, beginnen bereits die akribischen Vorbereitungen für das Fest der Liebe und der Lichter. Die Außenwirkung ist entscheidend, denn den Indoor-Christbaum kann ja kein Nachbar sehen.

In den letzten Jahren haben sich diese Sitten auch in unser Land eingeschlichen, und natürlich entstanden auch diese jenseits des großen Teiches. Die Amerikaner sind da halt etwas kindisch, neigen zu Größenwahn und Übertreibung. Neben aufgemotzten Nobelkarossen, die hierzulande keiner TÜV-Untersuchung standhalten würden, äußert sich dies auch in den übertrieben kitschigen Außenbeleuchtungen zur Weihnachtszeit.

Natürlich macht ein guter Deutscher dies auch nach, schließlich ist uns der äußere Schein und das amerikanische Vorbild ja so wichtig und steht für Wohlstand, Engagement sowie Geschmack. Geschmack? Ach ja, darüber lässt sich ja bekanntlich streiten.

Bereits lange vor dem Entzünden der ersten Kerze am Adventskranz beginnen die Vorbereitungen. Stromleitungen werden neu erschlossen, Kabelverbindungen gestrickt und Sicherungen eingebaut. Ende November wird dann das künstliche Licht-Kitsch-Spektakel der Öffentlichkeit freigegeben.

Natürlich sieht eine Lichterkette am Fenster schön aus, und auch der Gartentanne steht eine Lichterkette zu dieser Jahreszeit sehr gut. Leider bietet der Fach- und auch der Kramhandel viel mehr als das. Überdimensionale erleuchtete

Nikoläuse, Rentiere mit Beleuchtung oder irgendwelche Elche und Schlittengestänge mit Neonlicht. Alles da, und natürlich ist mittlerweile die Nachfrage ebenso groß wie das Angebot.

Das Wettrüsten wird dabei jedes Jahr skurriler, denn die nachbarschaftliche Konkurrenz schläft ja schließlich auch nicht. Man möchte sich gegenseitig übertrumpfen und achtet weder auf die Anschaffungs- noch auf die Stromkosten, die man den Rest des Jahres so genau dokumentiert und bei der Studie der Jahresabrechnung versucht, zu rekonstruieren.

Es geht halt darum, von außen das schönste Haus mit der besten und aufwändigsten Beleuchtung zu haben. Ich denke dabei immer gerne an den US-Film „Eine schöne Bescherung" mit Cheevy Chase, der diese amerikanischen Sitten so herrlich aufs Korn nimmt. Der Streifen über den tollpatschigen Familienvater, der sein ganzes Haus von außen verkabelt und dabei von einem technischen und logistischen Fettnäpfchen ins nächste tappt.

Gleiches gilt mittlerweile für unsere deutschen Weihnachtsmänner, die das ehemalige Fest der Liebe und der Familie längst zu einem Prestigeobjekt aufgebauscht haben, wo es darum geht, die Besten, Tollsten und Schönsten zu sein.

Leider, oder vielleicht besser zum Glück, merken sie dabei nicht, dass sie sich Jahr für Jahr mehr zum Affen machen und irgendwann nur noch mitleidig belächelt werden.

In dieser Zeit und in diesem Punkt ist Understatement definitiv die bessere Variante, sich auf das Fest vorzubereiten.

2 Volkssport Einkaufen

Es gibt Dinge, die muss man einfach machen, ob man will oder nicht. Das Einkaufen gehört dazu. Natürlich kann man sich jeden Tag eine Pizza oder einen Salat bestellen, aber das wird auf Dauer auch langweilig, und irgendwann benötigt man ja nun einmal auch andere Dinge des alltäglichen Lebens.

Leider lauern gerade bei außergewöhnlichen Highlights wie Schnäppchen, Geschäftseröffnungen, neuen technischen Gerätschaften oder auch einfach nur beim ordinären Bezahlvorgang ungeahnte Gefahren auf uns.

2.1 Die Einkaufstypen

Natürlich unterscheiden wir auch beim Einkaufen verschiedene Konsumtypen:

- Schnäppchenjäger
- Gewohnheitskäufer
- Gelegenheitskäufer

Der Schnäppchenjäger ist eine durchaus gefährliche Spezies, denn bei seiner Jagd auf günstige Preise nimmt er keine Rücksicht auf die Umwelt und driftet in eine Art Paralleluniversum ab. Bei der neuen Sphäre handelt es sich um eine recht einfache Lebensstruktur, die von Egoismen und Rabatten bestimmt wird. Jenseits aller Konventionen heiligt der Zweck die Mittel, und der Weg zum Ziel ist uninteressant.

Unsere Zielpersonen haben vielfach Zeit und gehen oftmals keinem geregelten Leben nach. Wie auch? Ähnlich wie beim Junkie ist auch das Leben eines Schnäppchenjägers nahezu ein Fulltimejob, nur das sich seine Beschaffungskriminalität auf den schonungs- und rücksichtslosen Kauf von günstigen Produkten ohne Kompromisse reduziert.

Beschränkt sich seine Schnäppchensucht auf das Internet, bleiben seine Mitmenschen weitestgehend von seiner Manie verschont. Im World Wide Web bekommt man alles und - wenn man lange genug sucht - auch zum günstigsten Preis. Diesen Gefallen tun uns unsere Testpersonen aber in den meisten Fällen nicht, denn das wäre ja zu einfach und zudem langweilig.

Unsere Zielgruppe ist anders gestrickt, sie braucht die Öffentlichkeit und nicht zuletzt die Konkurrenz. Das gibt ihr den Kick und nicht zu vergessen das Erfolgserlebnis, es den anderen mal wieder gezeigt und als einer der ersten den reduzierten, limitierten und imprägnierten Propangasgrill mit Leichtmetallfelgen erstanden zu haben.

Lässt man also das Internet außen vor, beschränkt sich die Treibjagd auf die Angebotshighlights in erster Linie auf die kostenlosen Anzeigenblätter und Broschüren. Diese werden in der Regel am Wochenende verteilt und damit ist auch dieses zunächst einmal gerettet. Teilweise lauern die Schnäppchenjäger bereits am Fenster, um dem Boten die wertvollen Dokumente aus der Hand zu reißen. Ist er bis zum frühen Sonntagnachmittag immer noch nicht vor Ort gewesen, gibt es bereits die ersten Irritationen. Hektisch läuft er durchs Haus und macht sich Gedanken, bis er dann schließlich doch den Briefkasten klappern hört.

Baumärkte, Lebensmitteldiscounter, Möbelhäuser, Drogeriemärkte und Unterhaltungsmedien. Alles da, was das Schnäppchenjägerherz begehrt, schön verteilt auf vielen bunten Seiten. Hastig werden die farbigen Angebotszettel malträtiert und die mutmaßlich profitabelsten Schnäppchen geortet. Formulierungen wie „limitiert", „nur für kurze Zeit" oder „Abgabe nur in handelsüblichen Mengen" lassen dabei den Adrenalinspiegel des Schnäppchenjägers in gesundheitlich bedenkliche Höhen steigen. Dabei sind diese Floskeln meist nur dazu gedacht, um Lagerbestände abzubauen.

Wie dem auch sei, des Menschen Wille ist sein Himmelreich und sein Nirwana ist nun einmal das Superschnäppchen. Hat er also sein Zielobjekt eruiert, wird der Schlachtplan ausgearbeitet.

Der Laden öffnet am Montag um 8 Uhr und der Vorrat ist begrenzt. Gut möglich, dass zehn Minuten nach der Geschäftseröffnung bereits alles vergriffen ist. Unsere Testperson beschließt, mindestens 30 Minuten vorher vor Ort zu sein. Wie andere bei Konzerten auf ihre Rockhelden warten, fiebert er der Ladenöffnung und dem Kauf der vermeintlichen Superschnäppchen entgegen.

Auf dem Weg zu seinem Zielort hat unser Fanatiker die fußkranke Nachbarin beim Treppengang fast zu Fall gebracht, ist drei Kilometer mit angezogener Handbremse gefahren, hat einem Fahrradfahrer die Vorfahrt genommen und eine rote Ampel übersehen. Aber natürlich sind dies Kavaliersdelikte, schließlich steht einiges auf dem Spiel. 25 Minuten nach seiner Anreise steht er immer noch ganz alleine vor der Ladentür, und die Bediensteten im Ladenlokal schütteln bereits verwundert ihre Häupter.

Zum Glück öffnet das Geschäft pünktlich, und im Laufschritt nimmt er dem zweiten verwirrten Kunden, der sich mittlerweile eingefunden hat, bereits auf den ersten 20 Metern locker zehn ab. Natürlich hat er seine Laufwege genau studiert und weiß, wo die Schnäppchen gelagert werden. Dennoch sucht er vergeblich und eine Mischung aus Enttäuschung und Fassungslosigkeit lässt sein Gesicht erröten und seine Halsschlagadern anschwellen. Nach Luft ringend knöpft er sich die nächstbeste Verkäuferin vor und fragt nach dem Verbleib des elektronischen Dampfgarers mit Infrarotbeleuchtung und Kondensator.

„Die stehen noch im Lager", antwortet sie und blickt in ein völlig fassungsloses Kundengesicht. Eine derartige Missachtung seiner Person und seiner Motive hat er selten erlebt, aber ehe er seine niedersten Instinkte erkennen und nach außen tragen kann, kommt auch schon die Palette der heißen Ware um die Ecke. Etwa 150 Stück der Produkte werden freigegeben. „Ein Glück, dass ich so früh aufgestanden bin. Das sind ja gar nicht so viele", denkt er sich im Stillen, kauft sein kostbares Gut und verschafft sich auf diese Weise seine Befriedigung.

Der Gewohnheitskäufer ist eine ebenfalls recht sonderbare Spezies. Er hat in der Regel kein sonderlich ausgefülltes Leben und sucht sich seine gesellschaftlichen Highlights nicht zuletzt im Einzelhandel. Er denkt nicht rational, sondern nutzt den Einkauf als Beschäftigungstherapie. Wo vielbeschäftigte Menschen planvoll und in größeren Mengen einkaufen, macht der Gewohnheitskäufer seine Besorgungen im reduzierten Umfang und in kurzen Zeitabständen.

Es geht ihm beim Einkaufen nicht um die Menge, sondern um das Erlebnis. Da er mindestens einmal täglich ins Geschäft schreitet und in der Regel nicht über Reichtümer verfügt, gehört er dabei zu den preisbewussten Konsumenten. Das liegt neben seinen begrenzten Finanzen allerdings auch an der Zeit, die er im Supermarkt oder Spezialhandel verbringt. Im Durchschnitt aller Konsumenten verbringt er mindestens die doppelte Zeit im Geschäft und somit hat er auch die Zeit, alle Preise abzugleichen und sorgsam auszuwählen.

Er kauft also regelmäßig, preiswert und in kleinen Mengen. Er erfreut sich an neuen Produkten jeglicher Art, wie ein kleines Kind, das zum ersten Mal im Schnee spielt. Dagegen alleine wäre ja noch nicht einmal etwas einzuwenden, wenn er seine Kaufgewohnheiten an die Gesellschaft anpassen würde. Im Klartext: Hat er den ganzen Tag Zeit, könnte er seine Käufe problemlos außerhalb der Stoßzeiten vollziehen, und somit den ohnehin überlaufenen Einzelhandelszyklus entzerren. Diesen Gefallen tut uns der Gewohnheitskäufer allerdings nicht, denn leere Geschäfte und dünn besiedelte Kassenzonen sind für ihn langweilig.

Vor allem bei älteren Gewohnheitskäufern sind diese Angewohnheiten stark verbreitet. Sie gehen nicht am Vormittag einkaufen, wenn die meisten Leute arbeiten. Nein, denn dann ist ja nix los und folgerichtig fehlt ihnen auch der Eventcharakter. Schlendern sie einsam durch die Regalreihen, fehlt ihnen etwas. Es sind Voyeure, die gerne genervte Konkurrenzkäufer beobachten, mit Vorliebe an der Fleischtheke warten und sich freuen, wenn sie die letzte Packung Toastbrot abstauben können. Das alles verschafft ihnen einen Kick und sorgt zudem für neuen Gesprächsstoff.

Sie ziehen sich aus ihren Einkaufstouren eine Art Existenz- und Gesprächsgrundlage für die Zeit bis zu ihrem nächsten Shoppinghighlight. Ihre perfide Gesinnung können sie dabei allerdings kaum verbergen. Sie freuen sich, wenn sie eine lange Kassenschlange sehen, um sich anschließend zu echauffieren, dass der Marktleiter keinen weiteren Abrechnungspunkt eröffnet. Sie regen sich über die hohen Preise auf, kommen aber schon in wenigen Stunden wieder. Sie ärgern sich, dass sie kurz vor Ladenschluss keinen frischen Salat mehr bekommen, kaufen aber am nächsten Tag wieder zu vorgerückter Stunde ihr Gemüse ein.

Dabei fehlt ihnen leider auch jegliches Verständnis und Mitgefühl für ihre Mitmenschen. Kalt lächelnd eröffnen sie der Kassiererin eine Minute vor Ladenschluss, dass sie die fehlenden 1,96 € doch bestimmt klein haben, um gut 60 Sekunden später festzustellen, dass ihnen doch drei Cent fehlen. Kurzum: Es sind beschäftigungsarme Personen, die verlängerte Ladenzeiten schonungslos ausnutzen, das unumgängliche Einkaufen als persönliches Lebenselixier missbrauchen und dabei ihre Mitmenschen durch ihre Tagesplanung in den Wahnsinn treiben.

Der Gelegenheitskäufer denkt eher pragmatisch. Er weiß, dass er einkaufen muss und versucht dies möglichst schnell und unkompliziert hinter sich zu bringen. Dabei bedient er sich vorwiegend kleinerer Geschäfte mit möglichst geringer Besucherzahl. Auf die Preise achtet er, wenn überhaupt beim wöchentlichen Großeinkauf, ansonsten strebt er vorwiegend ein möglichst geringes Zeitfenster für seine Besorgungen an.

Er geht allenfalls zu späterer Stunde einkaufen, wenn er sich dadurch verkürzte Wartezeiten erhofft und nutzt ansonsten auch gerne die Mittagspausen zum Einkaufen, um dem großen Feierabendansturm zu entgehen. Er redet nicht viel bei seinen Einkaufstouren, zwingt der Kassiererin keinen Smalltalk über das Wetter oder über die neueste Generation von Frühstücksflocken auf und ist froh, wenn er den Laden verlassen und sich wieder dem realen Leben widmen kann.

2.2 Einkaufshysterie

Am Wochenende und vor Feiertagen begegnet man dem Gelegenheitskäufer kaum im Handel, denn er nutzt diese Zeit lieber, um sich von der Arbeitswoche zu erholen oder wirklich sinnvollen Freizeitbeschäftigungen nachzugehen. „Es ist noch niemand am Wochenende verhungert", denkt er sich und hat damit natürlich Recht. Er kennt die Gier der Menschen und ihre irrationalen Kaufgewohnheiten. Da der verkaufsoffene Sonntag zum Glück immer noch zur Seltenheit zählt und den Verkäuferinnen und Verkäufern zumindest ein freier Tag vergönnt wird, ist die Gefahr des sicheren Hungertods am letzten Tag der Woche natürlich nicht zu verkennen.

Demzufolge muss man natürlich auch sein Vorratslager am Wochenende noch einmal so richtig füllen, schließlich könnten fremde Mächte ja den heiligen Sonntag missbrauchen, um uns den Krieg zu erklären und plötzlich hinge die erneute Öffnung des Einzelhandels am nächsten Werktag am seidenen Faden. Man weiß doch heutzutage nie, ob fanatische Al-Qaida-Kämpfer nicht vielleicht die Lkw-Flotten der Lebensmitteldiscounter sabotieren oder ob ein kurzfristiges Handelsembargo für Hülsenfrüchte in Kraft tritt.

Tritt dieser Ernstfall tatsächlich ein, hat man vorgesorgt und verfügt gleichermaßen über eine höhere Lebenserwartung als der Rest der Bevölkerung. Noch skurriler gestalten sich diese Existenzängste, wenn auf den Sonntag auch noch ein Feiertag folgt. Die ohnehin schon existenten Ellenbogen-Einkaufsgebärden weichen nun dem Faustrecht. Je näher der Minutenzeiger in Richtung Geschäftsschluss rückt, umso hektischer und brutaler wird das Treiben.

Nun werden erfahrungsgemäß die günstigen Lebensmittel knapp, und wer gibt schon mehr Geld als nötig für eine Stange Toastbrot oder eine Dose Erdnüsse aus? Folgerichtig kann es auch schon mal zu einem Handgemenge kommen, wenn sich die Anzahl der ausgestellten Artikel drastisch verringert. Mitunter werden sogar bereits ausgesuchte Lebensmittel im Eifer des Gefechts aus fremden Einkaufswagen entwendet, um nicht zu viel bezahlen zu müssen. Wird der Dieb auf frischer Tat ertappt, kann die Einkaufstour auch schon mal zu einer blutrünstigen Tortur werden.

2.3 Geschäftseröffnungen/-jubiläen

Irgendwann werden selbst für den Gewohnheitskäufer die herkömmlichen Einkaufsfixpunkte zunehmend langweilig. „Die haben doch immer das gleiche", denkt er sich und ergötzt sich an etwas Abwechslung für seinen monotonen Konsumentenalltag. Eine Geschäftseröffnung in der näheren Umgebung ist da eine willkommene Abwechslung und bereitet ihm bereits Tage zuvor schlaflose Nächte. Natürlich gibt es dort im Grunde das Gleiche, eben nur unter einem anderen Namen, aber das ist egal.

Es ist eben neu, und nur das zählt. Darüber hinaus ist dort mit Sicherheit was los. So sei es. Kaum eröffnet die dritte Aldi-Filiale in der Stadt, setzen bei vielen Mitmenschen Verstand und rationelle Denkprozesse aus. Jeder weiß, dass die Sortimente und in der Regel auch die verarbeiteten Fertigbauelemente identisch sind, aber wen interessiert das schon? Es ist neu, und neu ist gut.

Kann man dann auch noch viele andere Menschen beobachten und bekommt womöglich noch einen Luftballon oder eine Teilnahmekarte für ein Gewinnspiel in die Hand gedrückt hat sich die verkehrsbedingt verdoppelte Anreise sowie das 15minütige Parkplatzsuchen doch gelohnt.

Teilweise reicht sogar die bloße Umbenennung des Ladens, um die Kunden für das unveränderte Sortiment zu interessieren und für ein Verkehrschaos zu sorgen. Jeder kennt wohl die große deutsche Baumarktkette, die mit regelmäßigen Rabattaktionen auf Kundenfang geht und letztendlich nicht zuletzt an diesen Rabattaktionen Pleite ging. Die kaufmännische Rechnung ist ganz einfach. Ich reduziere die Produkte um 20 Prozent, habe den doppelten Umsatz und verdiene somit Geld. Ein normaler Bürger ist schon heilfroh, wenn er mal ohne Reduzierungen dort einkaufen darf, um der debilen Konsumentenschar zumindest teilweise zu entgehen.

Die dummen Kunden spielen natürlich mit und kaufen Dinge, die sie sonst niemals mitnehmen würden, nur weil sie günstig sind. Als rational denkender Mensch könnte mich das ganze Szenario eigentlich nur peripher tendieren, aber das bloße Meiden dieser Geschäfte reicht nicht aus. Vielmehr werde ich gezwungen, mich vorher über derartige Scheinhighlights zu informieren, um das Gebiet am Tag x weiträumig zu umfahren und dem damit verbundenen Verkehrschaos zu entgehen.

Gleiches gilt für die vermehrt auftretenden Geschäftsjubiläen. Früher hat es doch niemanden interessiert, ob ein Möbelhaus Geburtstag hat oder ob ein Elektrotechnikmarkt unlängst in Neubrandenburg seine 120. Filiale eröffnet hat. In Zeiten fehlender Schlussverkäufe und verschärfter Rabattgesetze sieht diese kunterbunte Scheinwelt des Einzelhandels etwas anders aus. Plötzlich wird jede noch so weit entfernte Filialeröffnung wie eine königliche Vermählung und jeder noch so eckige Geburtstag wochenlang gefeiert.

In diesen glorreichen Zeiten hagelt es Eröffnungs- und Jubiläumsangebote, die teilweise günstig, manchmal aber auch schlichtweg manipuliert sind. Wer will einem denn erzählen, dass Möbelhäuser oder Teppichhändler nach der dritten Preisreduzierung um 50 Prozent immer noch Geld verdienen? Das geht natürlich nur, wenn die ursprünglich ausgewiesenen und großzügig gestrichenen Preise gar nicht real sind. Was ist leichter, als die Verkaufspreise zunächst heraufzusetzen, um sie anschließend großzügig zu rabattieren?

Man hat vielfach das Gefühl, die Leute möchten auf diese simple Art und Weise hinters Licht geführt werden, fallen reihenweise darauf hinein und erfreuen sich anschließend an ihren Phantomschnäppchen. Jedes Volk bekommt natürlich auch nur die Marktstrategien, die es verdient hat. Wie sagt man doch so schön. Die Hauptsache ist, es macht euch glücklich.

2.4 Kartenwahnsinn

Wer kennt das Szenario nicht. Man steht an der Kasse, legt seine Waren auf das Band, möchte gerne bezahlen, aber leider wird man vorher noch ausgefragt.

Haben Sie eine Kundenkarte?
Haben Sie eine Payback-Karte?
Haben Sie eine Deutschland-Karte?

Schlimm, außer den Discountern gibt es offenbar keine Supermarktkette mehr, die keine Karten ausstellt. Ist ja nett gemeint, aber beim heutigen Kartenfestival in den Geldbörsen ist man vielleicht auch mal ganz froh, wenn man nicht zu jedem Geschäft die passende Karte parat hat. Und wenn ich diese habe und nutzen möchte, dann füge ich sie doch unaufgefordert meinem Bezahlakt bei. Oder?

Egal. Sie müssen es ja fragen, und natürlich gibt es Schlimmeres. Wenn ich aber zum fünfzigsten Mal in diesem Laden einkaufe, und immer noch gefragt werde, frage ich mich doch zwangsläufig, ob die Kassiererinnen ihr Kleinhirn zu oft über den Scanner gejagt haben oder mich einfach nur nerven wollen.

Natürlich könnte ich mir auch in der Zwischenzeit eine solche Karte zugelegt haben und förmlich auf die nette Frage warten. Sollte dem so sein, hätte ich plötzlich tatsächlich diese Karte in der Tasche, dann doch nur, weil ich so lange genervt wurde, bis ich auf das bloße Verneinen der Frage keine Lust mehr hatte. Kann man mich nicht einfach in Ruhe lassen?

Sind es nicht die Karten, dann hat sich die Kreativabteilung der Lebensmittelketten mit Sicherheit etwas anderes einfallen lassen. Fußballbildchen zur WM, großartige Gläser im Sommer und hochwertige Bratpfannen im Herbst. Und das alles fast geschenkt, versteht sich, zu einem geringen Aufpreis, der allerdings das normale Budget für derartige Haushaltsgegenstände oft übersteigt. Wie auch immer, es sind ja Markenartikel, und auch diese Ladenhüter müssen schließlich mal weg.

„Nein. Ich sammle keine Treuepunkte, und ich habe auch schon einen Schrank voller Gläser", erwidere ich der Kassiererin, die mir auf recht penetrante Art und Weise ihr hochwertiges Edelkristallsortiment schmackhaft machen möchte. Hallo? Bin ich hier im Call-Center oder bei einem dieser infantilen Shoppingcenter der geschlossenen Sendeanstalten? Jetzt wird mir schon im Supermarkt von der hyperfreundlichen Kassiererin das schlechte Gewissen in die Synapsen gemeißelt, weil ich mir ein mutmaßlich einmalig günstiges Angebot fahrlässig durch die Lappen gehen lasse.

Dabei wollte ich doch nur - einmal mehr - in Ruhe einkaufen. Das wird allerdings heutzutage immer schwieriger. Mit Freude denke ich an die Vergangenheit zurück, als man sein Einkaufsgut auf das Band gelegt hat, mit echtem Geld bezahlt hat und anschließend mit einem schlecht gelaunten „Wiedersehen" von der völlig frustrierten Kassiererin fortgeschickt wurde, die doch eigentlich viel lieber Stewardess geworden wäre, aber leider bei der Aufnahmeprüfung mit dem Tablett auf die Nase gefallen ist.

Der Lebenstraum war damit zerstört, aber sie hat sich gerächt. Strafende Blicke, wenn man nicht alle Sachen ordnungsgemäß auf das Band gelegt hat, launische Kommentare wie: „Haben Sie es nicht kleiner?" oder „Warum nehmen Sie denn keinen Wagen?" mit einem bitterbösen Unterton, schleudert sie dir entgegen. Ob dir das passt, ob sie dich jemals wieder als Kunden bedienen kann. All das war ihr egal, um nicht zu sagen Sch…egal.

Wie auch immer, man hatte sich dran gewöhnt, kam damit klar und wollte natürlich auch nicht mit ihr tauschen. Man hat sich im Stillen gedacht: „Hättest Du in der Schule aufgepasst, müsstest Du jetzt nicht per Lautsprecherdurchsage nach dem Preis für die Bio-Radieschen fragen." Heute sieht die Sache etwas anders aus. Die Kassiererinnen stehen unter strenger Beobachtung, sie werden gedrillt, freundlich zu sein, hofierende Plattitüden werden ihnen schon morgens an der Kühltheke von ihrem Abteilungsleiter eingetrichtert.

„Ich wünsche Ihnen noch einen schönen Tag" oder „Hat es Ihnen bei uns gefallen", kommt es dann heraus und als genervter Käufer fragt man sich, ob man wirklich den übel riechenden Penny Markt verlässt oder aus seiner Hochzeitssuite im Hyatt ausgecheckt hat. Das mag ja alles nett gemeint sein, aber natürlich schießen auch diese Verkaufs- und Kundenbindungsstrategien weit über ihr Ziel hinaus.

Nichts gegen Kundenzufriedenheit und Freundlichkeit, aber spätestens ab der zweiten Kundenkartennachfrage, der dritten Bonusaktion und dem vierten Gewinnspiel werden die Grenzen der nervlichen Normbelastung überschritten.

Ist es nicht schon schlimm genug, dass einen das Einkaufsradio 25 Minuten lang mit übelster Schlagermusik gefoltert hat?

2.5 Technik, die entgeistert?

Erlebt man sonst nichts in seinem Alltagsleben, dann wird halt das Einkaufen zum Erlebnis. Das wissen natürlich auch die Strategieleiter des Einzelhandels, die ihren Kunden immer mehr Möglichkeiten der Entfaltung bieten. Das macht bei der zunehmenden Konkurrenz durch Mitbewerber oder Internetangebote sicherlich auch Sinn, aber leider gibt es Kunden, die mit diesen neuen Angeboten nicht umgehen können. Natürlich hindert sie diese Unbedarftheit nicht, dennoch ihr Glück zu versuchen. Zum Leidwesen ihrer Mitmenschen.

Tatort Drogeriemarkt. 30 Minuten vor Ladenschluss. Man möchte nach einem anstrengenden Arbeitstag die nötigsten Pflegeprodukte besorgen und bei dieser Gelegenheit endlich die daheim heiß begehrten Fotos vom Kindergeburtstag ausdrucken, die man bereits seit Tagen auf einem Speicherstick spazieren trägt. Mit Shampoo, Pflegespülung, Zahnpasta und Deospray auf dem Arm, schreitet man zum Fotodrucker und sieht sich bereits auf den ersten Blick mit dem Grauen konfrontiert.

Dort stehen zwei Kundinnen - wahrscheinlich Mutter und erwachsene Tochter - und es gibt drei nebeneinander platzierte, augenscheinlich gleichwertige Geräte. Grundsätzlich also kein Problem. Natürlich nehmen die beiden das mittlere Gerät in Beschlag, blockieren die beiden anderen Bildschirme durch Taschen, Schirme, Toilettenpapierpackungen und reden hastig auf eine der Verkäuferinnen ein. Man könnte meinen, dass die Digitalfotographie mit dem heutigen Tag erfunden worden wäre, nimmt zunächst einmal einen diskreten Sicherheitsabstand und beobachtet das hastige Treiben.

Wer hat es früher nicht gehasst, wenn die Mutter beim Besuch der neuen Freundin das Familienalbum mit den Kinderfotos zückt. Da ist man aber immerhin noch in den eigenen beziehungsweise den elterlichen Wänden. Seine privaten Fotos aber derart provokant und lautstark der Öffentlichkeit zu präsentieren, grenzt allerdings schon an Penetranz. Gepaart mit vollkommen technischem Unverständnis, ist die Katastrophe perfekt.

„Wie geht denn das?", „Wie, ich muss da was reinstecken", oder „Wo kommen die Bilder denn raus?" sind noch die harmlosesten Fragen, mit denen die Drogerie-Angestellte behelligt wird. Sind dann die Bilder erst einmal auf dem Bildschirm sichtbar, beginnt das Sezieren. „Guck mal da", „Och, wie süüüüß", „Wie sieht die denn aus", hallt es dann aus den Kehlen der Kundinnen, die sich offenbar vorher auf keine bestimmte Auswahl festgelegt haben, und die auch nicht vorhaben, dies zeitnah zu tun.

Hat man sich nach einer gefühlten Ewigkeit endlich auf eine Bestellung geeinigt, fangen die Probleme erst an. Mittlerweile wurde die leicht genervte Verkäuferin bereits zwei weitere Male zum Gerät zitiert, um den Damen zu zeigen, wie sie die Bilder für die Fortführung des Bestellvorgangs auswählen können. Dummerweise gibt es aber auch noch verschiedene Bildformate, was die beiden Foto-Dilettantinnen zum ersten Mal in Bredouille bringt. „Was sollen wir denn nehmen", fragen sie sich, „Wie groß ist denn 10x15 und was kostet das?", fragen sie hektisch, und mittlerweile rückt der Ladenschluss immer näher.

Jetzt heißt es Initiative ergreifen, denn eine solche Tortur möchte man sich kein zweites Mal antun. Nach einem mehrmaligen, freundlichen Vorstoß meinerseits, werde ich erhört, die Damen räumen gnädigerweise einen benachbarten Rechner, und man kann endlich mit seiner Arbeit beginnen, die natürlich auf engstem Raum und unter einer penetranten Geräuschkulisse stattfindet. Wie der Teufel es so will, spinnt mein Gerät natürlich, die Auswahl funktioniert nicht, und das passende Fotopapier ist auch noch ausgegangen.

Wutentbrannt geh ich zur Kasse, bezahle meine Artikel, verlasse den Laden und schwöre mir, diese Bilder und alle weiteren im Internet zu bestellen oder gleich einen professionellen Fotoladen aufzusuchen.

2.6 Das Tank-Roulette

Die Diskussion über die aktuellen Spritpreise ist nun wirklich typisch deutsch, und gleichzeitig typisch spießig. Natürlich ist es ärgerlich, dass uns die Mineralölkonzerne nach Lust und Laune abzocken, aber durch hohle Stammtischparolen kann ich da nun einmal nicht viel dran ändern. Letztendlich sitzen die Jungs nun mal am längeren Hebel, ob es uns nun passt oder nicht.

Es ändert auch nichts, wenn ich mich den halben Vormittag bei der Arbeit mit meinen Kollegen darüber echauffiere.

„Ich habe gestern Abend noch für 1,51 € getankt:"
„Echt? Ich habe am Nachmittag noch 1,54 € gezahlt"
„Das gibt's doch nicht"
„Doch, ehrlich."

Diese oder ähnliche belanglose Dialoge sind leider keine Seltenheit. Es ist mein gutes Recht und von mir aus auch meine Bürgerpflicht, mich über derartige Verbraucherfragen aufzuregen, aber doch bitte nicht permanent und derart penetrant.

Manchmal obliegen die Aussagen natürlich auch dem Ursprung, dass man sonst nichts zu sagen hat. Eine primitive Methode also, um sich zu Wort zu melden und seinem Unmut über die schreiende Ungerechtigkeit in der Gesellschaft Luft zu machen. Endet die eigene Bildung also unmittelbar nach der Studie der Tankstellenpreisliste und der Bundesligaergebnisse ist dies ein probates Mittel, um sich Gehör zu verschaffen und zumindest temporär nicht allzu dumm zu erscheinen.

Für viele Spießer ist die Kontrolle der Spritpreise aber auch so etwas wie der Börsenkurs oder das Roulette-Spiel des kleinen Mannes. Setze ich jetzt auf Diesel, bekomme ich einen halben Liter mehr, setze ich auf Super, habe ich verloren.

Manche Leute fahren sogar lieber 30 Kilometer bis zur nächsten freien Tankstelle, um am nächsten Tag auf der Arbeit berichten zu könne, dass sie für zwei Cent weniger getankt haben.

Mal ganz ehrlich. Was machen diese zwei Cent denn bei einem normalen Tankvorgang aus? 80 Cent oder vielleicht 1,10 €. Natürlich ist das Geld, aber noch lange keine neue Existenzgrundlage, wie es manche Verbraucher vorheucheln.

Im Ausland ist der Sprit noch wesentlich teurer, und da regt sich keiner auf. Warum auch? Es bringt doch nichts. Ebenso wenig bringen die Modellversuche, bestimmte Tankstellenketten zu boykottieren. Auch das senkt die Preise nicht, zumal Preisabsprachen untereinander sowieso gang und gäbe sind.

Ich habe es mir grundsätzlich abgewöhnt, montags Vormittag tanken zu gehen. Offenbar ist der Sprit dann besonders günstig, und entsprechend unerträglich lang sind die Schlangen an den Tanksäulen. Hastig schieben sich die Autoschlangen an die Säulen heran. Braucht jemand zu lange für seinen Bezahlvorgang, geht das wilde Hupen und Gestikulieren los. Ein Bild für die Götter.

Es könnte ja sein, dass der böse Tankwart just in diesem Moment, an dem ich auf eine freie Tanksäule warte, den Literpreis um zwei Cent nach oben korrigiert. Mein Tag wäre gelaufen, und was soll ich dann morgen auf der Arbeit erzählen?

Nein, nicht mit mir, denke ich still. Ich nehme mir keinen halben Tag Urlaub, um beim Tanken 80 Cent zu sparen, und schon gar nicht setze ich mich diesem Kleinbürgerterror aus. Mancher würde wahrscheinlich sogar das ganze Wochenende in Luxemburg verbringen, wenn es dadurch auch nur einen Cent sparen könnte.

Dafür sollte einem die Zeit nun wirklich zu schade zu sein.

2.7   Paradies Ein-Euro-Laden

Eins ist klar: Der „normale" Arbeiter der unteren Mittelschicht hat seit der Jahrtausendwende und dem Euro weniger Geld in der Tasche. Zwar sind die Durchschnittseinkommen in unserem Land weiterhin sehr hoch, aber das ändert nichts daran, dass die Kluft zwischen Arm und Reich immer größer wird.

Dieser Entwicklung hat der Handel natürlich längst Rechnung getragen. Neben etlichen Lebensmittel-Discountern sprießen somit auch die Billigläden - die so genannten Ein-Euro-Läden - wie Pilze aus dem Boden. Und was bekommt man da? Früher hätten wir gesagt, das sind Sachen, die vom Laster gefallen sind. Heute sind es größtenteils Sachen, die - und das völlig zu Recht - woanders nicht verkauft wurden. Die Waren werden in Riesenmengen zu Dumpingpreisen angekauft und auf die Ladenketten verteilt.

Manche Sachen kann man sogar noch gebrauchen. Haushaltsartikel, Bürobedarf und Sanitärartikel zu günstigen Preisen. Warum nicht? Der Rest ist allerdings wirklich abschreckend. Der ultimative Kitsch. Bunte Porzellanpuppen, golden verzierte Bilderrahmen, Gartenzwerge, hässliche Kerzenständer, Tischdecken, Lampen und so weiter.

Hat man eine einigermaßen geschmackvoll eingerichtete Wohnung, macht man um diese Sachen einen großen Bogen, bezahlt seine Büroklammern, die Putzmittel, die Kochtöpfe und verlässt den Laden schnell wieder. Vor der Tür fragt man sich noch, wer derartige gruselige Accessoires ungestraft herstellen durfte, ohne fristlos entlassen worden zu sein.

Diese Fragen stellen sich unsere Spießer natürlich nicht, denn sie haben aus dem Ankauf von kitschigen Einrichtungsgegenständen längst einen Volkssport gemacht und für sie sind diese Läden das reinste Eldorado. Bereits beim Eintritt erstrahlen ihre Augen beim Anblick der bunt gefüllten Regale. In der linken Hand bewaffnen sie sich mit einem der hauseigenen Einkaufskörbe, in der rechten Hand halten sie eine Papiertüre, sollten sie vor lauter Enthusiasmus plötzlich hyperventilieren.

Während der normale Schnäppchenjäger also nach wenigen Minuten das Feld wieder räumt, kann sich der Spießer stundenlang an dem Inventar ergötzen. Natürlich ist er nicht gerade für seine Großzügigkeit bekannt, ganz im Gegenteil. Er dreht jeden Euro dreimal um. Man hat die Sparsamkeit der Nachkriegsgeneration mit der Muttermilch aufgesogen und komplett verinnerlicht. Man hasst nichts mehr als sinnlose Geldverschwendung. Einmal im Monat aber kann man ja die Sau rauslassen und für 20 Euro Kitsch nach Lust und Laune einkaufen.

In diesem Moment hat der Geschäftsinhaber seine Hausaufgaben richtig gemacht. Es gibt nichts, was zu hässlich oder zu kitschig ist, um nicht noch für ein oder zwei Euro unter irgendwelche Leute gebracht zu werden. Spießer sind nun einmal nicht gerade für ihren guten Einrichtungsgeschmack bekannt. Nichts ist zu bunt, zu kitschig, zu verschnörkelt, um nicht noch irgendeinen Platz im Wohnraum oder im Garten zu finden.

Der Einkaufstag wird somit zu einem vollen Erfolg. Für 20 Euro einen ganzen Einkaufskorb voll Dekorationskram. Unmittelbar nach der heimatlichen Ankunft werden diese Kostbarkeiten im

Rahmen einer wahren Zeremonie am mutmaßlich richtigen Ort deponiert, aufgestellt und an die ohnehin schon dicht behängten Wände gebracht.

Letztendlich muss es auch gar nicht schön aussehen. Hauptsache ist, die Gegenstände sehen einigermaßen kostbar aus, waren sie vielleicht auch einmal und man hat wieder etwas Neues zu präsentieren.

Hinzu kommt die Vorfreude. Die Vorfreude auf den nächsten Monat, wenn wieder die neuen Restposten angekarrt werden, man sich drauf stürzen kann und seine detailliert eingeplanten Finanzreserven verpulvern kann. Was hat man nur sein halbes Leben ohne diese Läden gemacht?

2.8. Aktionen und Attraktionen

Während die Lebensmitteldiscounter in der Regel nur wenig an ihrer Produktpalette ändern, wird in den übrigen Supermärkten und Einkaufstempeln ständig etwas verändert und das Sortiment wird jeweils an die aktuellen Gegebenheiten und Ereignisse angepasst. Deshalb macht das Einkaufen ja auch so großen Spaß.

Zu Beginn des Jahres ist es noch relativ ruhig. Nach den Weihnachtstagen sind die Leute zunächst einmal von einer gewissen Einkaufsmüdigkeit befallen, nachdem sie die unpassenden Weihnachtsgeschenke erfolgreich umgetauscht haben. Parallel dazu wird aber bereits im Hintergrund gearbeitet. Wahrscheinlich nutzt man die Zeit, um die Weihnachtsmänner einzuschmelzen und anschließend daraus Schokoladen-osterhasen zu formen. Diese gehen dann zeitnah in den Verkauf. So zwei bis drei Monate vor den Ostertagen, damit man auch garantiert am Tag x die Nase gestrichen voll von dem österlichen Süßkram hat.

Findet im Sommer eine Fußball-Welt- oder Europameisterschaft statt, geht es dann im Frühjahr weiter. Wurstwaren, Käse, Schokolade und Getränkeartikel werden nun im Balldesign verpackt und zielgerichtet angeboten. Gegen Ende der Sommerferien beginnt dann bereits der Weihnachtswahn, und ab August gibt es schon Dominosteine, Spekulatius und Nikoläuse zu verkaufen.

Das hat wiederum zur Folge, dass man Nikolaus und Weihnachten nichts mehr zu kaufen bekommt. Ach doch, da steckt ja auch ein Konzept hinter. Ist keine günstige Ware mehr vorhanden, werden die sündhaft teuren

Designerschokoladenartikel in den Gang gestellt, damit die auch endlich mal jemand kauft.

Zwischendurch werden noch Kürbisse zu Halloween angeboten, Drachen, Laternen zu Sankt Martin und was weiß ich. Wie gesagt. Es gibt immer einen Anlass, um sein Sortiment neu zu verpacken. Letztendlich veränderte sich der Wareninhalt aber nur marginal, aber das ist egal.

Ganz besonders toll sind auch neue Lebensmittel, oder das, was man dafürhält. Eine neue Geschmacksrichtung bei Chips, Schokoflocken jetzt auch in weiß oder die Wurst mit dem Spezialrand. Schmeckt fast wie immer, aber das Prinzip geht dennoch auf.

Die Kunden lechzen nach neuen Produkten und kaufen alles, worauf der entsprechende Erneuerungsvermerk ist. Teilweise hat sich auch tatsächlich nur die Verpackung geändert, und manchmal wurde kurzerhand der Preis nach oben korrigiert. Dann nämlich, wenn es um Vermerke wie „jetzt noch besser", „jetzt noch cremiger", „jetzt noch fruchtiger" oder „jetzt noch schokoladiger" geht. Auch diese Änderungen ziehen, auch wenn man geschmacklich keinen Unterschied merkt, und wenn doch, dann bildet man sich das nur ein.

Besonders beliebt sind auch Artikel, die limitiert sind. „Nur für kurze Zeit" steht dann darauf, und Erna S. kauft kurzerhand nicht eine Packung, sondern vier. Ist ja limitiert, und vielleicht gibt es morgen keine mehr. Dass die Artikel teilweise zwei Jahre später immer noch im Regal stehen, ändert nichts an der Anfangsfaszination. Es geht ja auch nicht um das Produkt, sondern um den Glückseffekt beim Kauf. Das Gefühl, nicht schon wieder das Gleiche gekauft zu haben, ist entscheidend.

2.9   Wann kommt die Prayback-Karte?

Der alltägliche Karten-Wahnsinn wurde bereits thematisiert und zwangsläufig stellt sich die Frage: Wohin kann man noch gehen, ohne irgendeine Karte vorzeigen zu müssen? Auf Anhieb fällt mir da nur die Kirche ein. „Die nehmen das Geld noch so", könnten jetzt böse Zungen behaupten. Aber wie lange noch?

Auch die Kirche wird sich über kurz oder lang der modernen Konsumwelt nicht mehr gänzlich verschließen können, aber vielleicht muss sie das auch gar nicht. Es könnte eine Win-win-Situation sein, schließlich sollte sich die Kirche auch langsam mal mit den Themen Kundenzufriedenheit und Kundenbindung beschäftigen. Die Konkurrenz an weltlichen Alternativen wird schließlich von Tag zu Tag größer. „Warum soll ich denn noch in Kirche gehen", fragen sich Heranwachsende nicht erst seit heute.

Eine Lösung wäre da die Prayback-Karte!
Damit können auch junge Menschen etwas anfangen, da sie das Konsum-Pendant aus dem Einzelhandel kennen. Man müsste gar nicht viel erklären. Die Standardfrage nach der Existenz einer Prayback-Karte hat man mit den Pfarr- und Messdienern schnell einstudiert. Die erforderlichen Scanner werden sich schnell amortisieren.

Bleibt nur noch die PR-Strategie, aber auch dort gibt es ja prominente und etablierte Beispiele. Natürlich kann man auch in der Kirche Punkte sammeln, Prayback-Punkte. Es gibt sie für Kirchenbesuche, für die Teilnahme an anderen kirchlichen Veranstaltungen oder ein anderes soziales Engagement. Die Höhe der zu vergebenen Punktzahlen wird dann im Pfarrbüro bemessen beziehungsweise vergeben, wo man auch seinen Punktestand jederzeit einsehen kann.

Natürlich kann man diese Punkte dann auch mit seiner Karte einlösen. Für 100 Punkte gäbe es dann etwa einen Extrakelch beim Abendmahl, eine vergünstigte Wallfahrt oder Ähnliches. Für die ganz treuen Punktesammler könnten sich dann sogar ganz andere Türen öffnen. 10.000 Punkte für eine Absolution zum Beispiel oder einen kostenlosen Exorzismus. Die Punkte sind allerdings nicht übertragbar.

Hinzu kommen natürlich Sonderaktionen. Die Prayback-Wochen, idealerweise vor kirchlichen Festen wie Weihnachten oder Ostern, in denen man doppelt punkten kann oder mehr, wenn man sich an kirchlichen Veranstaltungen oder Aktionen beteiligt. In diesen Fällen würden Absolutionen oder ähnliche Vergünstigungen noch schneller erreichbar sein. Jeder Mensch ist fehlbar, aber durch die Karte könnte man endlich ohne ein schlechtes Gewissen weiterleben.

Sünden würden mit Punkten verrechnet, denn wer ist schon ohne Schuld? In den letzten Jahrhunderten hätte die Kirche unendlich viele dieser Kartenguthaben benötigt, um ihre eigenen Gräueltaten zu regulieren. Auf der anderen Seite versuchen die Oberen tagtäglich, ihren Schäflein ein schlechtes Gewissen einzuimpfen.

Damit wäre dann endlich Schluss. Keiner müsste mehr wie ein geprügelter Hund durch die Kirchengemeinde straucheln. Christliche Vergehen wären nun endlich messbar. Gehen Gerüchte über ein Gemeindemitglied um, müsste er einfach nur seine Karte einlesen lassen und bei einem entsprechenden

Guthaben würden alle Vorbehalte im Keim erstickt. Wie gesagt. Es wäre eine Win-win-Situation, für alle Beteiligten. Quasi so etwas wie ein moderner Ablasshandel.

3 Gesellschaftliche Highlights

Das Leben der Deutschen ist gepflastert mit gesellschaftlichen Highlights. Es gibt dabei die verschiedensten Anlässe. Dabei geht es oft darum, gesellig beisammen zu sein und das Leben zu genießen. Manchmal geht es aber auch schlicht und einfach darum, anzugeben, dabei zu sein oder etwas zu repräsentieren, was man gar nicht ist.

Sei es der Kirchgang, die Geburtstagsparty, das Straßenfest oder das gemeinsame Abendessen, das den Familienzusammenhalt auf eine nicht zu unterschätzende Zerreißprobe stellen kann.

Letztendlich aalen sich die Deutschen in diesen kleinbürgerlichen Festivitäten, die zu uns gehören wie das Weißbier zu Bayern.

3.1 Der Kirchgang

Sonntagmorgens um 10 Uhr ist der übliche Termin für den wöchentlichen Kirchgang, der in manchen Kalendern natürlich fest gebucht ist. Vor allem ältere Menschen versammeln sich dort, um Gottes Wort zu hören. Sei es ausgeprägter Religiosität zur Folge, oder in Anbetracht der Tatsache, dass das irdische Ende dieser Menschen näher liegt als bei jüngeren Mitmenschen. Das hört sich hart an, ist aber nun einmal so. Ältere und kranke Menschen beschäftigen sich eher mit Gott als jüngere Personen.

Die ganz Jungen gehen ohnehin meist nicht freiwillig in die Kirche, dafür haben sie zu viele andere Dinge zu tun. Gezwungenermaßen gehen sie vor Kommunionen oder Konfirmationen, für die man eine gewisse Zahl von absolvierten Gottesdiensten nachweisen muss.

Das ist im Übrigen auch so ein undefinierbares Phänomen unserer Gesellschaft. Man versucht, dem Nachwuchs Glauben und Kirchentreue aufzuzwingen, und so etwas geht natürlich fast immer nach hinten los. Geködert durch die großzügigen Geschenke am Ende der Veranstaltung, absolvieren die Heranwachsenden den Unterricht, lernen ihre Texte brav auswendig und haben anschließend mit der Kirche so viel zu tun wie der Papst mit der modernen Weltanschauung.

Dieses Glück haben allerdings nicht alle Kinder, denn auch heute werden noch Kinder und Jugendliche von ihren Eltern Sonntag für Sonntag vor den Altar gezerrt. Dabei geht es den Eltern allerdings in den meisten Fällen auch nicht um den Besuch bei Gott, sondern um gesellschaftliche Effekte und das Ansehen. Für sie ist es immer noch ein Signal an die Außenwelt, dass die Familie intakt, ganz toll, gläubig und überhaupt viel besser und weiser ist als die anderen.

Er geht mal wieder um den guten Schein, der nach außen reflektiert werden soll. Und diesen Zweck erfüllt der kollektive und regelmäßige Kirchgang allemal. Denn wer immer brav in die Kirche geht, muss ja fast zwangsläufig ein guter Mensch sein und kommt bestimmt in den Himmel.

Selbst bei der amerikanischen Chaosfamilie „Simpson" aus der gleichnamigen Cartoon-Serie gehörte der Kirchgang zum guten Ton, und auch in dieser Parodie ging es darum, zumindest einen Teil der Familienehre zu verteidigen.

Dabei ist es doch ein weit verbreiteter Irrglaube, dass die Nähe und Liebe zu Gott zwangsläufig mit unserer Kirche verbunden ist. Ich kann doch genauso gut jeden Tag mit Gott sprechen, in der Bibel lesen, ihn preisen und an ihn glauben, ohne in die Kirche zu gehen. Vielleicht ist das sogar intimer und zweckmäßiger, als sich in der Gemeinde zu versammeln.

Vielleicht mag ich ja Gott, kann aber mit seinem Vertriebssystem nichts anfangen. Unter Umständen behagen mir die ganzen Pastoren und Pfarrer mit ihren Gewändern und ihrem Trauerblick ja gar nicht. Vielleicht mag ich ja eher den fröhlichen Gott und nicht seine selbsternannten Glaubensüberbringer, die doch am liebsten den Zeigefinger heben und predigen, was man alles nicht darf und wie man sich zu verhalten hat. Vielleicht sehen dagegen die Kirchenmuffel Gott lieber als Schöpfer einer phantastischen Welt, die es zu erhalten und gestalten gilt.

Hinzu kommt, dass die Kirchen immer mehr leer stehen und teilweise sogar aufgrund von fehlendem Interesse geschlossen werden müssen. Wir regen uns auf, dass andere Glaubensgemeinschaften ihren Allah anbeten und überdimensionale Tempel bauen. Dabei sind wir doch selber schuld. Wir hätten doch die gleichen oder sogar noch bessere Möglichkeiten, unserem Gott zu huldigen, aber uns interessieren diese Einrichtungen doch gar nicht oder wir tun zumindest nichts dafür, um diese Veranstaltungen interessanter zu gestalten.

Dabei machen die Papstbesuche es uns doch vor. Das umstrittene Oberhaupt der römisch-katholischen Kirche wird bei seinen Besuchen empfangen wie ein Popstar. „Wir sind Papst", titelten die bunten Gazetten, als ein Deutscher dieses Amt bekleiden durfte. Seine allgemeine Engstirnigkeit hat seiner Popularität erstaunlicherweise nicht geschadet. Da kann man doch was draus machen. Der Kirchgang als Event. Wofür zahlen wir denn jeden Monat unsere Steuern? Da muss doch was gehen. Dann würden sicherlich auch nicht mehr so viele Leute aus finanziellen Gründen aus der Kirche austreten.

3.2 Geburtstage

Der Geburtstag. Das Wiegenfest. Ein Freudentag, an dem sich alles um das Geburtstagskind dreht oder drehen soll. Mit zunehmendem Alter geht der Reiz an diesem Tag natürlich mehr und mehr verloren. Für die Kinder ist es schön, für die Älteren eher lästig. Natürlich hat man an diesem Tag die Gelegenheit, alle Freunde einzuladen und gemeinsam zu feiern. Das ist eine schöne Sache. Selbst wenn man sich ansonsten mehr und mehr aus den Augen verloren hat, kann man diese Tage nutzen, um sich wieder zu sehen. Ungezwungen zusammen sein, lachen, trinken, essen, fröhlich sein. So sollte es sein. Geschenke sind dabei nebensächlich.

Manche Leute zelebrieren diese Tage allerdings auch auf eine andere Art und Weise. Da werden hochrangige Arbeitskollegen, Nachbarn, Verwandte eingeladen und alles muss perfekt sein. Man möchte es jedem recht machen, alles muss stimmen, das Haus wird bereits Tage zuvor hergerichtet und letztendlich wird der Abend zum reinen Spießrutenlaufen. Freude weicht der reinen Berechnung, Geschenke rücken wieder in den Vordergrund („Was der mir wohl mitbringt?") und aus einem eigentlich freudigen Ereignis wird ein spießiges Beisammensein.

Das sind diese Tage, an denen der größte Choleriker mit Touret Syndrom dem Empfangschef im Fünf-Sterne-Hotel den Rang abläuft, Mama das verhasste Abendkleid trägt und die Kinder als kleine Engel präsentiert und angepriesen werden und letztendlich froh sind, dass sie zeitig ins Bett gehen dürfen.

Noch schlimmer ist es, wenn man zu solchen Festivitäten eingeladen wird, genau weiß, was auf einen zukommt, aber leider keine passende Ausrede parat hat, um abzusagen. Man hat die Spießerhorde förmlich vor Augen und wünscht sich eine Zeitmaschine. Natürlich will man sich nicht blamieren, nicht über die Stränge schlagen oder gar das Falsche schenken.

Stundenlang irrt man durch diverse Läden auf der Suche nach einem adäquaten Geschenk für die Gattin des Redaktionsleiters. Schließlich entscheidet man sich für irgendeinen kitschigen Müll, der aufgrund seiner Apartheit teuer aussieht und ihren skurrilen Geschmack treffen könnte.

Ehe man sich versieht, ist man in der Spießerfalle gefangen. Man geht zu einer Geburtstagsfeier, die man früher belächelt hat, unterwirft sich dem Kostüm- und Kaufzwang und ist plötzlich einer von denen. Es gibt nichts Schlimmeres. Mit etwas Glück wird man rechtzeitig noch krank und kann den Geburtstags-Mutanten entgehen. Ansonsten können Minuten zu Stunden werden und man ist froh, wenn man sich endlich den ersten abwandernden Gästen anschließen kann.

Besonders anstrengend und Kräfte zehrend sind natürlich Kindergeburtstage. Bereits als Jugendlicher hatte ich Angst vor dem Tag x. Vor dem Tag, an dem mein Sohn mit einer Namensliste vor mir steht und freudig verkündet, dass er in diesem Jahr seinen ersten großen Kindergeburtstag mit all seinen Freunden und Schulkameraden zu Hause feiern möchte.

Eine Horde von Kids, die sich auf alles stürzt, was sich nicht wehrt und die ständig beschäftigt, beaufsichtigt und betüddelt werden muss. Ein Graus. Zum Glück gibt es heute kommerzielle Einrichtungen wie Spaßbäder, Indoor-Spielparks oder Soccerhallen, in die man solche Events auslagern kann.

Das ist großartig. Die Kinder spielen zusammen, bekommen Geschenke, selbst das Essen wird organisiert und findet nicht im heimischen Esszimmer statt. Das mag vielleicht auch spießig und sehr kostspielig sein, aber das interessiert einen in diesem Moment so viel wie Bill Gates die Tatsache, dass er gerade einen Strafzettel wegen Falschparkens bekommen hat.

Nichtsdestotrotz verneige ich mich vor den Eltern, die das volle Programm von Topfschlagen, Sackhüpfen, Verstecken, bis hin zum Stoppessen mit einer Horde wild gewordener Kinder in den eigenen vier Wänden durchziehen. Respekt. Solchen Leuten gebührt das Bundesverdienstkreuz oder der Friedensnobelpreis und nicht irgendwelchen Politikerpfeifen oder Charitytussis.

3.3 Essen gehen

Einmal wieder lecker essen gehen. Durchaus eine nette Abwechslung, zumal man ja auch nicht immer Lust hat, selbst am Herd zu stehen, ebenso wenig wie auf das leidige Einkaufen. Diese Angewohnheit hat allerdings definitiv etwas mit dem Alter zu tun. Als Jugendlicher fragt man sich am Wochenende: „Wo ist denn was los?". Die mittleren und älteren Semester fragen sich später: „Wo kann man denn gut essen gehen?"

Anhand dieser Aspekte merkt man, dass man selbst älter geworden ist. Ferner entdeckt man irgendwann zwangsläufig Parallelen zu seiner eigenen Kindheit. Mittlerweile ist man selbst in der Erzieherrolle und hat mit den folgerichtigen familiären Diskrepanzen zu tun. Auf einmal hat man einen Jugendlichen vor sich, der zwar auf den gleichen Nachnamen hört, aber schon lange nicht mehr dieselben Interessen hat. Er hat schlichtweg keinen Bock auf ein gemeinsames Abendessen beim Italiener, sondern möchte sich lieber mit seinen Freunden treffen.

Es ist manchmal wie ein Schlag vor den Kopf, wenn man merkt, dass man soeben dabei ist, in die Fußstapfen seiner Eltern zu treten. Diese haben immer an diesem Ritual festgehalten, darauf bestanden, dass die Familie zusammen ausgeht. Was macht man in dieser Situation? Gibt man nach und untergräbt auf diese Weise vielleicht seine Autorität oder beharrt man auf dem kollektiven Dinner und offenbart sich seinem Nachwuchs vielleicht als Familienspießer? Was für ein Dilemma!

Manchem Familienoberhaupt kommen derartige Gewissenskonflikte gar nicht in den Sinn. Wir gehen zusammen, oder gar nicht. Widerstand ist zwecklos, sonst wird das

Taschengeld gekürzt und die Geschenke sind auch gestrichen. Man geht also aus, versucht den Abend zu genießen, was aber nicht gelingt, da ein Teil der familiären Belegschaft keinen großen Hehl aus seinem Unmut macht.

Die folgenden Differenzen kann man sich vorstellen. So ein erzwungener Familienabend kann schon mal zu einem echten Drama ausarten, insbesondere dann, wenn die Eltern auf sämtlichen Verhaltens- und Bekleidungskodexen bestehen. Müssen sich die Heranwachsenden in ihre ungeliebten Sonntagsklamotten zwängen und bekommen mehrfach gesagt, was sie zu tun und vor allen Dingen zu lassen haben, sinkt das Stimmungsbarometer fast zwangsläufig.

Wenn man sich dann auch noch für seine Eltern (nach den eigenen Empfindungen) schämen muss, wird es heikel. Oftmals versucht in solchen Situationen der Herr des Hauses, wenn er denn derart penetrant und situationsresistent veranlagt ist, die angespannte Lage durch den einen oder anderen Kalauer oder das, was er dafür hält, aufzulockern.

In diesem Kontext wird dann schon einmal die bereits leicht genervte Bedienung mit seinen Urlaubsanekdoten oder mit banalen Witzen über die Formulierungen in der Speisekarte behelligt, während die Kinder bereits vor Scham in ihren Sitzen versinken. Es gibt nun einmal nichts Peinlicheres als Eltern. „Hoffentlich sieht mich hier keiner", denkt man sich schon mal gerne in diesem Zusammenhang.

Wenn der Papa, einmal in Fahrt, dann auch noch erzählt, wie sein Filius als kleiner Bub beim Abendessen vor Urzeiten kreidebleich angelaufen ist oder nach irgendwelchen vermeintlich komischen Dingen gefragt hat, ist die Grenze des guten Geschmacks deutlich überschritten.

„Nie mehr, nie mehr gehe ich mit euch essen. Ich wandere aus, bau mir ein Floß, ändere meinen Namen. Ihr werdet mich nie finden, erst wenn ihr alt und grau seid schreib ich euch vielleicht mal eine Karte, aber ihr werdet mich auch dann nicht finden. Niemand wird mich finden. Ich werde frei sein, meine Fische selber fangen, und ich werde niemals Kinder in diese spießige Welt setzen, die eines Tages derart leiden müssen wie ich in diesem Moment", denkt sich der Junior in solchen Augenblicken, bestellt irgendetwas Einfaches von der Karte und hofft, dass der Spuk ein schnelles Ende nehmen wird.

3.4   Verwandtenbesuche

Sie sind gleichermaßen geliebt und verhasst. Manche Leute fiebern diesen Tagen entgegen, andere sind erst froh, wenn sie vorbei sind. Gemeint sind Besuchstage von Verwandten. Wer kennt diese Horrorgeschichten nicht, von Schwiegermüttern, die einen maßregeln und denen man es angeblich niemals recht machen kann. Das ist natürlich alles Nonsens, schließlich kommt es immer auf die Personen an. Natürlich gibt es Schwiegereltern, die ständig was zu mäkeln haben, aber auf der anderen Seite gibt es mindestens ebenso viele umgängliche.

Schwieriger ist es da schon bei Eltern und Kindern, die selbst schon groß und selbstständig sind. Sie leben ihr eigenes Leben, kommen wunderbar klar, aber dennoch bleiben sie Kinder, für die man eine natürliche Schutz- und Kontrollfunktion implantiert hat. Besonders deutlich erkennt man diese bei weiblichen Wesen.

Lädt die Tochter ihre Mutter zum Familienessen ein, weiß sie schon im Vorhinein, dass es kompliziert wird. Mach ich alles richtig? Schmeckt das Essen? Ist auch alles sauber? All diese Fragen werden im Vorfeld durchexerziert. Mama war schließlich eine großartige Mutter und Hausfrau, und das möchte man ihr natürlich ebenfalls vorleben. Läuft etwas schief, ist der kritische Blick oder die abwertende Äußerung vorprogrammiert.

Dies wiederum kann auch zu einer mittelschweren Familienkrise ausarten. Und zwar dann, wenn man ihr entgegnet, dass man seine Sachen nun einmal in dieser Art und Weise erledige und sie sich doch bitte aus ihrem Alltagsleben heraushalten möge. Ihrer natürlichen Autorität und ihrer mutmaßlich gut gemeinten Verbesserungsvorschläge beraubt, ist sie nun auf das tiefste beleidigt und der Tag ist im Eimer. „Ich habe es doch nur gut gemeint", sind oft die letzten Worte, bevor sie das Haus verlässt.

Männer sind da meist pragmatischer und unproblematischer. Vater und Sohn reden über Fußball, Gott und die Welt, trinken ein Bier zusammen und Papa ist froh, dass der Sprössling einen anständigen Job hat und in der Lage ist, seine Familie zu ernähren. Hat er dies nicht, bekommt er natürlich ein paar gut gemeinte Ratschläge oder - je nachdem - auch die eine oder andere Vorhaltung. Da muss Mann dann halt durch.

Neben Kindern, Eltern und Enkeln gibt es natürlich noch weitere Verwandte, die man nicht so oft sieht. Onkel, Tanten, Paten, Cousins und viele mehr. Manche davon sieht man gerne, manchen geht man bewusst aus dem Weg. Trifft man sie dann doch mal aufgrund eines dummen Zufalls irgendwo wird es unter Umständen schwierig. Beruht die Antipathie auf Gegenseitigkeit ist die Angelegenheit meist unproblematisch. Man unterhält sich kurz über belanglose Dinge und geht dann seiner Wege.

Überkommt die andere Seite aber plötzlich der Familiensinn, wird es problematisch. „Wir können ja mal was zusammen machen", heißt es dann, und der Schreck zieht durch alle Glieder. Jetzt hängt man am Haken der furchtbaren Patentante, die einem damals die Eltern ausgesucht haben. Mittlerweile haben auch sie ihren Irrtum eingesehen, schließlich hat man es ihnen oft genug vorgehalten. Das hilft einem jetzt aber auch nicht weiter.

Es werden Telefonnummern ausgetauscht, und die ersten Termine ins Auge gefasst, verworfen, neu justiert und notiert.

Was soll man machen? Ist ja schließlich die Patentante. Auf der anderen Seite denkt man sich. Wo waren denn in all den Jahren meine Geschenke? Diese unvorhersehbare Begegnung kann es ja wohl nicht sein, von den Folgeschäden einmal abgesehen. Schließlich verabschiedet man sich, wünscht sich Harry Potters Vergessenszauber und nimmt sich vor, die eingehenden Anrufe in der nächsten Zeit genau zu kontrollieren.

Besonders schwer haben es Kinder bei solchen familiären Überfällen, denn sie sind ihrem Schicksal meistens hilflos ausgeliefert. Sie können sich nicht ins Auto setzen oder ein Hotel nehmen. Nein, sie sind Gefangene. Gefangene in den eigenen vier Wänden. „Mensch, was bist du groß geworden", wird meistens skaliert. „Ist ja ein Ding", könnte man sich denken, schließlich war man ja lange genug klein. Hinzu kommen die körperlichen Angriffe der gefürchteten Wangenkneifer. Warum muss man sich als Kind eigentlich alles gefallen lassen in dieser Gesellschaft?

Einen angenehmen Nebeneffekt hat die ganze Sache dann aber meistens schon. Schließlich bekommt man immer Geschenke, zusätzliches Taschengeld oder zumindest Süßigkeiten. Dafür muss man allerdings noch einiges ertragen, respektive essen. Ich kann mich erinnern, dass bei den Besuchen bei den Großeltern die Intervalle zwischen den Mahlzeiten immer kürzer wurden. Kaum hat man das Mittagessen verdaut, türmt sich bereits die Torte vor den kleinen Kinderaugen.

Jetzt heißt es: Augen zu und durch, denn ein „Nein, danke" gab es bei Oma noch nie. Außerdem möchte man ja auch nicht unhöflich sein. Spätestens nach dem vierten Stück Torte und Kuchen überkommt einen dann folgerichtig ein ausgeprägtes

Völlegefühl. Man ist nun der Meinung, wirklich alles gegeben zu haben, aber weit gefehlt.

„Schmeckt es dir nicht?" fragt die Gastgeberin allen Ernstes. Das erwidernde „ich habe doch bereits vier Stücke gegessen" kann man sich sparen, denn es wird ohnehin nicht erhört und schon gar nicht akzeptiert. Folgerichtig haut man sich noch ein Stück Torte rein, und jetzt kann man sich nicht mal mehr bewegen. Derart gemästet kann man dann auch den vielen Fragen nicht mehr ausweichen, und muss auch dieses Interview noch über sich ergehen lassen, bis auch schon das Abendessen serviert wird.

Letztendlich ist man froh, wenn man den Tag überstanden hat, ohne sich zu übergeben. Man nimmt sich vor, die nächsten Tage nichts mehr zu sich zu nehmen, schließlich kommt die nächste Familienfeier ganz bestimmt.

Die meisten Menschen denken halt: Es geht nichts über ein gutes Essen und große Mengen Nahrung verbinden sie wiederum mit Gastfreundlichkeit, Großzügigkeit und vielleicht sogar mit Wohlstand. Schließlich soll es den Gästen ja an nichts fehlen, aber manchmal wäre weniger viel mehr.

3.5 Ein Fest zu jedem Anlass

Manchmal sind wir Deutschen auch richtig kreativ. Und zwar wenn es darum geht, dem Bierstand oder der Würstchenbude am Wochenende einen Namen zu geben. Bei uns gibt es zu jedem Anlass ein Fest. Natürlich sehen die Events alle gleich aus, aber das ist egal.

Es gibt ein Straßenfest, ein Brückenfest, ein Erntedankfest und wahrscheinlich auch ein Laternenfest, ein Teichfest, ein Ampelfest, ein Briefkastenfest oder ein Gullifestival. Das Kind muss nur einen Namen haben. Man lässt sich einfach irgendetwas zur Kinderbelustigung einfallen, und kann sich dann in Ruhe einen trinken. So einfach ist das, und genau darum geht es.

Dabei hat zumindest das Erntedankfest, wie der Name schon sagt, eine tatsächliche Tradition und damit wohl auch eine Daseinsberechtigung. Schließlich haben die Bauern sich diesen Umtrunk durch ihre harte Arbeit verdient. Da es aber kaum noch Bauern gibt, feiern natürlich alle mit und wissen teilweise gar nicht warum. So weit, so gut. Leider müssen die Deutschen auch diesen Brauch wieder ausschlachten und in bester Spießermanier um diverse Peinlichkeiten erweitern.

Da gibt es zum Beispiel das so genannte Erntepaar. Zwei vermeintlich gutaussehenden Strahlegesichtern wird kurzerhand dieser Titel verliehen, für den man sich natürlich ebenso viel kaufen kann wie ein Veganer für einen Metzgergutschein. Das ist aber auch egal, denn es geht nur darum, auf sein tolles Fest aufmerksam zu machen, es zu publizieren.

Während ein Schützenkönig aber zumindest sein Gewehr in die richtige Richtung halten muss, um nicht aufzufallen, hat dieses Erntepaar zu Saat und Ernte meist so viel beigetragen wie Boris Becker zur Weiterentwicklung der deutschen Sprache. Schwer vorstellbar, dass sich Prinz Hamsterbacke beim Heumachen ausgezeichnet hat oder dass die Ernteprinzessin jemals in ihrem Leben eine landwirtschaftliche Gerätschaft auch nur aus der Nähe gesehen hat geschweige denn identifizieren kann.

Dann gibt es natürlich noch die Stadt- und Dorffeste, die als Treff für Jung und Alt noch durchgehen. Schließlich wollen die Kinder ja gemeinsam spielen und die Eltern auch mal den Rest ihres Wohnbezirkes in geselliger Runde treffen, respektive andere Leute kennen lernen. Reicht es dafür nicht oder ist diese Art einem zu anonym, dann veranstaltet man halt ein Straßenfest.

Hier gilt natürlich: Je kleiner der Kreis, desto intimer und detaillierter wird auch der gedankliche Austausch. Natürlich beginnt alles mit dem üblichen oberflächlichen Gewäsch über Job, Kinder, Garten und die ebenfalls alltäglichen Schwärmereien und Lobhudeleien. „Meine Geschäfte laufen toll", „mein Sohn hat dies", „mein Enkel hat das", „nächstes Jahr machen wir eine Kreuzfahrt zum Hochzeitstag". Die üblichen Prahlereien über eigene oder familiäre Höchstleistungen.

Mein Mann ist erfolgreicher als deiner, meine Kinder sind toller als deine und so weiter und so fort. Darum geht es oft, aber nicht immer. Natürlich gibt es noch Gegenden, wo auf diesen Gemeinsinn in der Nachbarschaft noch Wert gelegt wird und wo nicht der gegenseitige Konkurrenzkampf im Fokus steht.

3.6   Wir müssen leider draußen bleiben!

Oft sind diese Feste allerdings auch gar nicht erst für Jedermann geeignet. Dann trennt sich bereits im Vorfeld die Spreu vom Weizen, denn für Sätze wie „Ich lebe von Hartz IV" ist hier kein Platz. Das sind doch die ultimativen Gesprächs- und Partykiller, oder wie will man als handelsüblicher Spießer und rhetorischer Kleingeist darauf reagieren? „Sie Ärmster" oder „Ist das ansteckend?" passt wohl nicht, also geht man diesen Gesprächsfallen aus dem Weg, oder lädt diese Leute erst gar nicht ein. Meistens kommen sie ohnehin nicht, weil sie wissen, was ihnen blüht, und fortan sind sie geächtet.

Würde man sie mit Worten wie „da ist doch heutzutage keiner mehr gefeit vor" oder „haben Sie da schon mal nachgefragt. Ich habe gehört, die suchen händeringend neue Leute" in den erlauchten Kreis mit einbeziehen, dann sähe die Sache doch ganz anders aus. Schließlich kann man doch auch als gerade Arbeitsloser Dinge haben, auf die man stolz sein kann und von denen es zu berichten lohnt.

Diese Sichtweise übersteigt allerdings den normalen Spießerhorizont, der gerade von der Haustür bis zum Arbeitsplatz oder in den Baumarkt reicht. Bei solchen Festivitäten geht es ohnehin nur darum, sich selbst in den Mittelpunkt zu stellen, zu präsentieren und nicht darum, anderen zu helfen, im Nachbarschaftszirkel auch einmal zu punkten. Vielleicht sollte man diese Schilder aufstellen, die man von Geschäften kennt. „Wir müssen leider draußen bleiben", steht darauf neben einem Bild von einem Hund. Den Vierbeiner kann man ja problemlos ersetzen.

Noch weniger gesellschaftstauglich sind natürlich Personen mit gesundheitlichen Einschränkungen, egal ob physischer oder psychischer Natur. Das braucht kein Spießer. Die verderben uns mit ihrem pessimistischen Gejammer ja jegliche Partystimmung. Das geht ja gar nicht. Ein weiterer Beleg dafür, dass diese Festivitäten nicht aus nachbarschaftlicher Nächstenliebe stattfinden, sondern aus purem Selbstdarstellungstrieb.

Dabei wäre das doch die positive Randerscheinung schlechthin, wenn man einem Menschen mit Problemen auf diese Weise durch die Gemeinschaft der unmittelbaren Mitmenschen aus seiner Lebenskrise helfen, oder diese zumindest erträglicher gestalten könnte. Durch menschliche Anteilnahme, die uns scheinbar irgendwo zwischen dem Zweiten Weltkrieg, der Deutschen Einheit und der Europäischen Union abhandengekommen zu sein scheint.

Sicherlich ist es nicht einfach, angeschlagenen Menschen beizustehen, man braucht die richtigen Worte und im intensiveren Fall viel Kraft. Das alles ist aber noch lange kein Grund oder Alibi, warum man es nicht wenigstens versuchen sollte. Mehr als schief gehen kann es doch nicht, und dann hat es dennoch etwas gebracht. Man hat es zumindest versucht und sich Gedanken gemacht.

Viele Menschen gehen an ihren Krankheiten oder ihrer Einsamkeit nicht zugrunde, weil sie keine medizinische Versorgung haben, sondern weil ihnen die menschliche Wärme und der Zuspruch fehlen. All diese Sachen haben uns doch damals stark gemacht, wie ich mir hab sagen lassen, in den Zeiten des Wiederaufbaus und mit Abstrichen auch in Zeiten der Wiedervereinigung. Davon spüre ich heute nichts mehr.

Dabei machen es uns doch die ärmeren Länder, selbst und gerade die Entwicklungsländer, vor. Dort hält man zusammen, hilft sich untereinander, in der Familie, im Wohnblock und darüber hinaus.

Wir aber gucken lieber weg und kümmern uns um unseren Kram. Das wiederum kann zwei Gründe haben. Zum einen gibt es nun einmal gefühlsresistente Menschen, die Notsituationen anderer schlichtweg nicht interessieren. Diesen Egoismus allen Bürgern zu unterstellen, wäre allerdings falsch und ungerecht.

Spricht man zum Beispiel mit Menschen, die ein Familienmitglied verloren haben, hört man oftmals identische Geschichten. Sie werden von Leuten, mit denen sie zuvor regelmäßig oder temporär Kontakt hatten, gemieden. Das liegt wiederum daran, dass diese Menschen nicht wissen, wie sie sich angemessen verhalten oder was sie sagen sollen. Ich nenne das menschliche Schwäche.

Leider haben wir Deutschen diese fehlenden Sozialkompetenzen in den letzten Jahren nahezu perfektioniert. Wenn mir etwas unangenehm ist, dann mach ich halt einen großen Bogen darum und kann auf diese Weise der schwierigen Konfrontation aus dem Weg gehen. Dabei gibt es in solchen Situationen überhaupt kein richtig oder falsch.

Natürlich kann man etwas Unangemessenes sagen, aber viel schlimmer ist es, diese Menschen zu meiden. Unpassende Worte kann man einem Mitmenschen schnell verzeihen, zumal man selber weiß, dass es nicht einfach ist, die richtigen Worte zu finden. Das kann nun einmal nicht jeder.

Was man aber nicht oder nur schwer verzeihen kann, ist das plumpe Ausweichen. Das signalisiert Teilnahmslosigkeit, Ignoranz und Eigensinn.

Das sind nicht die Merkmale einer sozialen Gesellschaft, von der wir uns von Tag zu Tag mehr abwenden.

4   Unsere Heiligtümer

Natürlich verdienen wir alle zu wenig, beziehungsweise bekommen ein zu geringes Gehalt überwiesen. Da sind wir uns einig. Dennoch möchte der deutsche Normalo auf einige existentielle Dinge nicht verzichten. Neben dem Auto und dem Großbildfernseher gehört dazu natürlich auch der Urlaub.

Kann man sich den noch leisten ist alles in Ordnung und die Revolution ist abgewendet. Ich bin der festen Überzeugung, dass die Leute erst wach werden und die Willkür der Mächtigen in unserem Land erkennen, wenn ihnen ihre Grundgüter des Spießerdaseins   (Pauschalurlaub,   Schützenfest, Schrebergarten etc.) genommen werden, respektive, wenn sie sich diese nicht mehr leisten können.

Erst dann gehen die Menschen auf die Straße, vorher nicht, zumindest nicht viele, und schon gar nicht die Hauptdarsteller dieses Buches.

4.1 Auto

Die Deutschen bauen mit die besten Autos der Welt, das steht sicherlich außer Frage. Leider vergöttern wir diese Fortbewegungsmittel aber auch wie kaum ein anderes Volk, und das nimmt oft die skurrilsten Züge an.

Wer kennt sie nicht, diese Autofanatiker, die nichts mehr lieben als ihre vierrädrige PS-Maschine. Sei es als Statussymbol, Repräsentation des gesellschaftlichen Status oder einfach aus Angeberei, das Auto ist der Deutschen liebstes Kind.

Natürlich ist es schön ein schickes Auto zu haben, das schnell fährt, viele Extras hat und in der Sonne glänzt, aber in erster Linie bleibt es doch das zeitgemäße Vehikel, um die berühmte Entfernung von A nach B schnellstmöglich zurückzulegen. Verständlicherweise möchten junge Männer mit einem schicken Flitzer die Mädels beeindrucken und Vielfahrer einen möglichst hohen Komfort haben, aber leider schießen andere Zeitgenossen auch auf diesem Gebiet weit über das Ziel hinaus.

Gewöhnlich ist auch der Alltag der Pkw-Apostel generalstabsmäßig geplant. Meistens gibt es dabei keinen Samstag ohne Autopflege, und auch an jedem anderen Tag der Woche kann ein solcher Bedarf entstehen. Priorität hat aber der Samstag, denn dann sind die meisten Nachbarn zu Hause und man wird gesehen.

Zwischen Einkaufen, Rasenmähen, Straße fegen und der Sportschau steht also das Auto im Fokus. Liebe ich mein Auto über alle Maßen traue ich natürlich auch keiner Waschstraße.

Sie dient allenfalls als Vorwäsche, der Rest ist Chefsache. Zum Glück gibt es wahre Schätze von Autopflegebaukästen, die, sorgsam geordnet, genau dann zum Einsatz kommen, wenn die Sonne am besten steht und alle Betrachter freie Sicht haben.

Unsere Freaks geben mehr Geld für die Pflege ihres Wagens aus, als für die ihres eigenen Körpers. Ihre Pflegespülung heißt Autopolitur, ihr Peeling Felgenreiniger, ihre Bodylotion Hochglanzveredelung und ihr Deodorant Cockpitspray. Um alles ungehindert auftragen zu können, werden zuvor alle Gummidichtungen, Fenstersparten sowie Scharniere sorgsam abgedeckt, um die hochwertigen Pflegeartikel fachgerecht platzieren zu können. Teilweise entstehen ausgedehnte fachspezifische Dialoge unter gleichgesinnten Reinigungsfetischisten um die rechte Marke und Dosierung der Hochleistungsreinigungspräparate.

Glänzt der eigene Wagen im Anschluss einwandfrei und steht er wieder sicher in der Garage, ist der ruhige Resttag gesichert. Das Fahren an sich wird zur Nebensache, ganz im Gegenteil. Die Fortbewegung birgt immense Gefahren, denen man sein Schätzchen nicht wirklich gerne aussetzt. Es könnte wieder schmutzig werden, und was ist, wenn der Regen einsetzt?

Und, was natürlich noch wesentlich schlimmer ist, es könnte - Gott bewahre - beschädigt werden. Überall lauern schließlich Neider und potenzielle Pkw-Terroristen, die nur darauf warten, dein Tagwerk zu zerstören und dir gleichzeitig dein Lebenselixier zu rauben.

Natürlich ist es für jeden Menschen ärgerlich, wenn sein Auto zu Schaden kommt. Wenn etwa der Nachbar auf dem Parkplatz deinem Wagen eine Delle zufügt, oder wenn dir dein

Gegenüber auf einer schmalen Straße den Außenspiegel beschädigt. Letztendlich sind diese Autos und die dazugehörigen Ersatzteile aber in der Regel keine Unikate, und der Schaden lediglich materieller Natur.

Leider setzten bei manchen Mitmenschen genau in diesem Bereich aber sämtliche Sinnesorgane aus. Gute Manieren werden ebenso ausgeblendet wie der rationale Gerechtigkeitssinn sowie die Verhältnismäßigkeit ihrer Ansichten und letztendlich auch ihres Tuns.

Der älteren Dame, die versehentlich mit ihrem Einkaufswagen dein frisch poliertes Luxusgefährt leicht touchiert hat und sich dafür brav entschuldigt, werden kurzerhand sämtliche das Dasein verkürzende Krankheiten an den Hals gewünscht, sowie die unmittelbare Abschiebung in ein Seniorenheim ohne eigene Einkaufserlaubnis.

Bleibt eine solche Beschädigung des Pkws, egal ob unbeabsichtigt oder mutwillig, unbemerkt, setzt das Großhirn des Autonarren komplett aus. Forderungen nach Wiedereinführung der Todesstrafe oder hirnloses Geschwafel vom Jüngsten Gericht sind hier keine Seltenheit.

Natürlich ist die vorsätzliche Beschädigung fremden Eigentums eine Straftat, die zur Anzeige gebracht und verfolgt werden muss, mehr aber auch nicht.

Nein, liebe Autofreaks, diese Vergehen stehen nicht über Mord, Kinderschändung oder Volksverhetzung. Dessen sollten Sie sich im Klaren sein, wenn Sie das nächste Mal bei der akribischen Lackstudie eine Ungereimtheit entdecken und den

Verursacher kurzerhand nach Guantánamo verbannen möchten.

Ich bin mir sicher, dass ein Arbeitslager-Votum für Autovandalismus mehr Unterschriften in der Bevölkerung bekäme als der Atomausstieg oder eine Volksabstimmung über Kampfeinsätze der Bundeswehr im Ausland.

4.2   Urlaub

Neben dem Auto gibt es ein weiteres Grundbedürfnis des Deutschen. Den Urlaub. Dabei geht es auf der einen Seite um den Erholungseffekt, auf der anderen Seite um den gesellschaftlichen Aspekt. Schließlich möchte man nicht zu dem unprivilegierten Kreis der Balkonien-Urlauber gehören.

Letztendlich geht dies aber oft nicht ohne Entbehrungen, und das ist schlecht. Da wird dann lieber wochenlang auf anständiges Essen oder Pflegeprodukte verzichtet, um dann doch noch mit fünf Familienmitgliedern im Opel Astra für eine Woche nach Lloret de Mare fahren zu können.

Dabei ist es nicht die Erholung, die zählt, sondern der Urlaub als solcher. Kein Spießer gibt sich gerne im nachbarschaftlichen Dialog die Blöße und gesteht ein, dass in diesem Jahr aus finanziellen oder sonstigen Gründen kein Sommerurlaub möglich war.

Da wird lieber eine Woche im Zelt an der nahegelegenen Talsperre übernachtet und anschließend erzählt, man habe eine wunderschöne Woche auf einer Südseeinsel verbracht. Was der Nachbar nicht weiß, macht ihn nicht heiß. Peinlich wird es erst, wenn der Nachwuchs in seinem kindlichen Leichtsinn das wahre Urlaubsdomizil ausplaudert.

Im Idealfall reicht es dann aber doch zum Pauschalurlaub auf Mallorca, oder zur All-Inklusiv-Reise an die Türkische Riviera. Immer nach der Devise: Hauptsache günstig. Den Rest kann man ja immer noch hinzudichten.

Es sind nicht die wirklich Reichen, die mit ihren Urlaubserinnerungen prahlen. Selbst wenn sie in einem Jahr auf Afrikasafari, auf Hawaii und dreimal im Skiurlaub waren. Nein, die sind es nicht. Im Normalfall haben sie die Protzerei auch gar nicht nötig, denn ihre materiellen Objekte symbolisieren bereits ihren Wohlstand, und oftmals möchte man auch keinen Sozialneid in der näheren Umgebung schüren.

Vielmehr sind es die buchstäblich kleinen Leute, die sich über Urlaubserinnerungen definieren, definieren müssen. Völlig egal, ob sie der Wahrheit entsprechen oder frei erfunden sind. Meist merkt man bereits am Stil der Darbietungen, ob das Erlebte wirklich alles so toll und kostspielig war.

Betrachtet man im Gegenzug den Rest der optischen Erscheinung und die äußeren Umstände, kann man sich oftmals bereits den Rest denken und muss sich innerlich schon lange nicht mehr wegen des eigenen Bungalows im Teutoburger Wald schämen.

4.3 Einbauküche

Was für Papa sein Auto oder seine Werkstatt ist, ist für Mama ihre Küche. Dieses Pauschalurteil ist auch heute noch aktuell. Natürlich gehört zu einer echten Spießerfamilie neben einem polierten Auto auch eine adäquate und akkurate Küche, die schön aussieht und wo jedes Haushaltsutensil seinen festen Platz hat.

Ist ja auch praktisch, eine gute Küche zu haben, schließlich verbringt die Spießermama ja auch einen Großteil ihrer Zeit dort und das Kochen soll ja auch Spaß machen. Allerdings stellt sich die Frage, ob die Küche wirklich genauso viel kosten muss wie der Neuwagen, aber letztendlich ist es ja auch eine langfristige Investition.

Darüber hinaus ist die Küche allerdings auch Statussymbol und Vorzeigeobjekt. Immer, wenn Verwandte und Bekannte zu Besuch kommen, versammelt man sich dort und präsentiert das gute Stück. Aus diesem Grund wird die Küche auch bei vielen Bauprojekten zur zentralen Aufenthalts- oder zumindest Durchgangsstation.

Frisch gebohnert präsentiert sich der Boden, poliert die Arbeitsplatten und Gerätschaften. Alles muss passen. Nichts ist schlimmer als eine unsaubere Küche.

Man würde sonst ja gleich als unsaubere und schlechte Hausfrau abgestempelt, als miserable Köchin und so weiter und so fort. Das geht ja gar nicht. Natürlich ist es schön, wenn man eingeladen wird und das Essen schmeckt auch, aber wenn dem mal nicht so sein sollte, geht davon die Welt auch nicht unter.

Dann zählt zumindest der gute Wille, nicht aber bei unserer Spießerfamilie.

Küchenausstattung und Kochergebnis müssen stimmen, ebenso wie der schöne Garten und der englische Rasen. „Die war sicherlich nicht billig?". Diese Frage der Gäste ist das größte Kompliment für die Hausherren und gleichzeitig die Bestätigung für all die Entbehrungen, die dieses High-Tech-Wunder der Familie in den letzten Jahren abverlangt hat.

Der Rest des Hauses ist nicht so wichtig und außerdem muss sich die Großinvestition Küche ja auch amortisieren.

Kein Wunder, dass viele Möbelhäuser bereits vor Jahren eigene Küchenausstellungstempel errichtet haben. Die Auswahl der heiligen Küche ist ein Event für sich, ein Erlebnis, das für die ganze Familie inszeniert wird.

4.4 Die Werkstatt

Haben Sie sich nicht auch schon einmal gefragt, warum unsere Baumärkte in Deutschland so riesig sind und warum da immer was los ist? Und das nicht nur, wenn es gerade einmal wieder Prozente auf alles gibt. Ich schon.

Mittlerweile habe ich mir aber eine Erklärung ausgemalt, zumal ich selbst schon mehrmals in diese Bredouille gekommen bin. Zunächst einmal kauft man als Baulaie, und ich behaupte mal, da bin ich nicht der Einzige, viel zu viel. Will man irgendetwas bauen, fährt man in den nächsten Baumarkt, deckt sich mit allem möglichen Kram ein, und merkt erst Stunden später, dass man die Hälfte davon gar nicht braucht, oder dass Schrauben, Nägel; Scharnier und was weiß ich gar nicht passen.

Umtauschen kommt natürlich auch nicht in Frage. Zunächst einmal würde man seine Kompetenz als Heimwerker durch diese Transaktionen komplett untergraben, und auf der anderen Seite kann man die irrtümlich falsch eingekaufte Ware ja bestimmt irgendwann mal gebrauchen. Auf diese Weise hat man sich eine Fahrt gespart und auch noch sinnvoll vorgesorgt.

So kommt es vor, dass das Heimwerkerprodukt völlig in die Hose geht. Das Regal sieht ganz und gar nicht so aus, wie es bestellt war. „Das kommt mir nicht ins Kinderzimmer", ist das Urteil. Sehr schön. Ich habe ja sonst nix zu tun. Kurzerhand lässt man den ganzen unnützen Heimwerkerkram auf dem Kellerboden liegen und fährt zum nächsten Möbeldiscounter, um ein passendes Regal zu kaufen. Dieses Exemplar ist zwar nicht maßgerecht, aber zumindest gerade.

An diesem verschenkten Nachmittag beginnt und endet die Heimwerkerkarriere also gleichermaßen und man stellt fest, dass man für manch handwerkliche Arbeiten einfach nicht geeignet ist. Schuster bleib bei deinen Leisten und Autor bleib bei deinem geschriebenen Wort. Oder lies lieber ein Buch, aber keines über das Schreinern. Das bringt sowieso nichts.

Diese schnelle Erkenntnis kommt natürlich nicht jedem in dieser kurzen Zeit. Nicht, dass wir uns falsch verstehen. Ich habe größten Respekt vor Leuten, die Handwerke beherrschen, die richtige Möbel bauen, pflastern oder mauern können. Natürlich braucht dieser Personenkreis eine adäquate Werkstatt, aber bei manchen Personen wird die heimische Werkstatt mehr zum Statussymbol als zur tatsächlich sinnvollen Arbeitsstätte.

Da treten natürlich auch unsere Spießer auf den Plan. Nicht mit vielen sinnvollen Hobbys und Gedanken ausgestattet, kommen sie kurzerhand auf die Idee, sich im Keller ihres Reihenhauses eine schöne, akkurate Werkstatt einzurichten. Der eigentliche Sinn des Ganzen spielt zunächst keine Rolle. Es geht um das Objekt, um das Bild. Das Bild einer schönen Heimwerkstatt, die man seinen Kollegen zeigen kann, egal, ob man tatsächlich etwas baut oder nicht.

Folglich wird der Einkauf der Ausstattung, für den kurzerhand auf mindestens einen Jahresurlaub verzichtet wird, auch zur wahren Euphorietour. Schließlich ist so eine Heimwerkstatt ja was fürs Leben, und was es für großartige Werkzeuge, Schrauben, Dübel, Winkel, Baustoffe und so weiter gibt. Der Baumarkt ist ein wahres Eldorado. Völlig egal, ob man die Maschinen bedienen kann oder diese jemals benötigt. Wen interessiert das? Was man hat, hat man.

Viel, viel schöner als das Kaufen ist gleichwohl das Einrichten der heiligen Stätte. Das ist ja noch besser als im Büro. Jetzt kann ich jedes Utensil schön säuberlich sortieren, platzieren, beschriften, aufteilen, zuordnen und deponieren. Herrlich. Und was noch viel schöner ist: Niemand funkt einem dazwischen. Kein Kollege, der einem etwas dazulegt oder die Anordnung der Schraubendreher kritisiert oder verändert.

Wie gesagt. Es wird immer noch nichts gebaut, aber darum geht es auch gar nicht. Es geht um das Symbol, das Bild der eigenen Werkstatt, was einen dermaßen antörnt. Warum auch immer. Man steht davor und bestaunt die fein säuberlich sortierten Werkzeuge und Baumaterialien, manchmal stundenlang. Manche Zeitgenossen stehen den halben Tag mit einer Flasche Bier vor dem Heimwerkeraltar. Stehen nur da und staunen.

Es wäre doch auch nahezu fahrlässig, diese geheiligte Ordnung durch einen tatsächlichen Arbeitseinsatz zu entweihen. Das macht keinen Sinn und würde das Vorzeigeobjekt nur unnötig besudeln. Unbenutzt kann man es doch viel besser präsentieren und dann davon erzählen, was man damit alles machen kann. Dafür muss man es ja nicht selbst ausprobiert haben. Es reicht, dass die Möglichkeit besteht.

Bekommt man dann eines Tages doch mal einen hausinternen Arbeitsauftrag, geht dieser meistens schief. Aber das ist auch egal, denn diese Arbeiten werden ohnehin nicht aus Überzeugung vergeben, sondern meistens, damit Mami endlich mal wieder in Ruhe bügeln oder ihre Lieblingsserie gucken kann. Mit der Ruhe ist es allerdings schnell vorbei, denn Papa beginnt schon nach wenigen Minuten sinnlos zu klopfen, zu fluchen und anschließend zu schreien. „Ist dir was passiert", schallt es von oben. „Nein, nein, Schatz. Alles in Ordnung."

Natürlich ist nichts in Ordnung. Alles geht schief, nur das Schuldanerkenntnis bleibt aus. Kurzerhand wird ein Schuldiger ausgemacht, der gar nichts dafür kann. Das Werkzeug ist schuld. Schlechte Qualität. Um diese Studie zu untermauern, fährt unser Heimwerkerspießer gleich am nächsten Morgen wieder in den Baumarkt, um seine Sammlung fachgerecht zu erweitern. Den orangefarbenen Bieber und seine Gefolgschaft freut das natürlich. Sie leben schließlich von der Blödheit ihrer Kunden.

5   Spießer bei der Arbeit

Bei der Arbeit kann man einen Spießer wahrscheinlich am besten erkennen. Er ist immer pünktlich, egal, was passiert. Er behält in hektischen Situationen die Ruhe und beharrt auf seinen Vorschriften, auch wenn es noch so sinnlos ist.

Sein Arbeitsplatz gleicht einem gut sortierten Fachmarkt, wo alles an seinem Platz ist und nichts dem Zufall überlassen wird. Er hasst nichts mehr als Unordnung, unplanmäßige Störungen oder Flexibilität.

„Das haben wir immer so gemacht", ist seine Devise und diese wird verteidigt, mit allen Mitteln und gegen alle Widerstände.

5.1 Der Arbeitsbeginn

Die Pünktlichkeit gehört zu einer der vielen deutschen Tugenden. Manche schätzen uns für diese Eigenschaften, anderen geht unser Pünktlichkeitswahn gehörig auf den Zeiger, zumal er von vielen Landsleuten bei anderen Personen mit gleicher Münze eingefordert wird.

Der typische Spießer ist natürlich immer pünktlich, überpünktlich sogar. Zehn Minuten vor der Zeit ist des Spießers Pünktlichkeit, könnte man sagen. Folglich war unser Vorzeigeobjekt auch nicht selten in seinem kompletten Arbeitsleben nicht einmal zu spät. Und darauf ist es sehr stolz. So stolz, dass er es jedem Kollegen und Bekannten auf die Nase bindet, ob er es nun hören möchte oder auch nicht. Und krank war er natürlich auch nie. Besonders seine Untertanen und eventuelle Auszubildende oder Praktikanten sind beliebte Opfer dieser Selbstbeweihräucherung.

Um tatsächlich jeden Morgen pünktlich zur Arbeit erscheinen zu können, bedarf es somit auch einiger akribischer Vorbereitungsmaßnahmen. Es kann ja immer mal etwas dazwischenkommen. Bereits am Vorabend des nächsten Arbeitstages beginnen die Vorkehrungen. Natürlich wird zunächst einmal die Kleidung parat gelegt für den nächsten Morgen, oder auch für den Rest des Jahres. Alles muss griffbereit sein.

Die Zeiten vom Schlafzimmer über das Bad bis zu Küche und schließlich zum Auto werden gestoppt und dokumentiert. Wenn besondere Aktivitäten wie Nägel schneiden oder Rasieren anstehen, werden diese geschätzten Zeiten der Differenz zwischen Weck- und Abfahrtzeit hinzuaddiert. Die

Frühstückszeit sowie die Dauer für sonstige Aktivitäten wie Zeitung lesen oder mit dem Hund Gassi gehen sind gespeichert, fest eingeplant und variieren fast nie. Braucht der Hund länger für sein Geschäft wird kurzerhand auf die Studie des Sportteils verzichtet. Der Ablauf hat sich eingespielt.

Ist Schneefall oder Eisglätte angekündigt, wird eine weitere Quersumme der bisherigen Erfahrungswerte gezogen und auch diese Zeit wird von der ursprünglichen Weckuhrzeit abgezogen.

Bleibt noch der Gefahrenübergang Straße oder öffentlicher Nahverkehr. Was da nicht alles passieren kann. Staus, Verspätungen, streikende Lokführer, rote Wellen, Hochwasser, Flugzeugabsturz, Unfälle, Baustellen. Ein schier unerschöpfliches Gefahrenkonglomerat. Kurzerhand werden zehn Minuten Kulanzzeit in den morgendlichen Zeitplan eingerechnet, um immer noch weitere zehn Minuten vor Arbeitsbeginn vor Ort zu sein.

Auf diese Weise kann eigentlich nichts passieren. Jetzt kann dem Spießer nur noch das eigene Immunsystem einen Streich spielen. Es ist für ihn der blanke Horror, nicht auszudenken. Was passiert, wenn ich einmal verschlafe? Technische Probleme können es nicht sein, denn bei Stromausfall wird der Radiowecker immer noch durch den Alarmton am Handy sowie einen manuellen Wecker abgesichert.

Dennoch geistert dieses Horrorszenario immer durch seinen Kopf. Sollte man dann doch einmal alles überhören, der Zeitplan gerät durcheinander, und am Ende kommt man tatsächlich zum ersten Mal in 20 Jahren zu spät. Das Leben wäre ruiniert, der Ruf und sämtliche Vorbildfunktionen wären dahin. Man könnte sich morgens nicht mehr die handgestoppten 15 Sekunden im Spiegel betrachten. Kurzum: Es wäre ein Desaster.

In diesen Fällen denke ich immer mit Genuss an meine Lieblingsfolge der Serie „Spongebob". Dort kommt der stets pflichtbewusste Burgerbrater zum ersten Mal in seiner Karriere eine Minute zu spät zur Arbeit. Er ist am Boden zerstört, macht sich Vorwürfe („Ich bin ein Zuspät-Kommer-Kopf") und fordert seinen geizigen Chef schließlich auf, ihn zu bestrafen.

Dieser tut ihm natürlich den Gefallen („Okay, dann wisch die Salatbar aus"), aber das reicht unserem tüchtigen Schwamm noch immer nicht. Kurzerhand zieht er mit Sack und Pack an seinen Arbeitsplatz, um ja nicht noch einmal in die Verlegenheit zu kommen, eine Minute seiner kostbaren Arbeitszeit zu versäumen.

Ähnlich würde unser Spießer sicherlich auch reagieren, wenn dies aus logistischen Gründen möglich wäre. Die Zeiten, in denen er zu Hause ruhig schlafen konnte, sind ja ohnehin vorbei.

5.2 Der akkurate Arbeitsplatz

Sauberkeit und Ordnung am Arbeitsplatz sind dem handelsüblichen deutschen Durchschnittsspießer fast ebenso wichtig wie das pünktliche Erscheinen. Leider fehlt in der heutigen von Termindruck und Hektik geprägten Arbeitswelt oft die Zeit dafür. Demzufolge müssen teilweise auch Zeiten vor Arbeitsbeginn, Überstunden oder Pausenzeiten zur Wiederherstellung des akkuraten Arbeitsplatzes genutzt werden.

Natürlich denken wir in diesem Zusammen an erster Stelle an unseren vorbildlichen und klischeehaften Beamten. Er hat den Vorteil, dass er in der Regel nicht viel zu tun hat, keine Produktionszeiten beachten muss und auch sonst keinem sonderlichen großen Zeitdruck unterworfen ist.

In diesem Berufsfeld kann sich unser Spießer natürlich am besten entfalten. Beamte können es sich erlauben, während der Arbeitszeit die Büroklammern zu sortieren, eventuelle Fliegen im Büroraum zu zählen und ihnen Namen zu geben, Bleistifte immer schön anzuspitzen, Kugelschreiber nach Farbe und Größe abzulegen, die Aktendeckel auszumalen und die sonstigen Schreib- und Arbeitsutensilien fein säuberlich aufzureihen. Bringt ein Arbeitskollege, ein Kunde oder aber eine Windböe das Feld durcheinander hat man immer noch die Zeit, den entstandenen Schaden umgehend zu regulieren.

Passend zu dem fein säuberlich sortierten Schreibtisch und den numerisch und alphabetisch geordneten Schreibtisch- schubladen und Aktenschränken, überzeugt der akkurate Beamtenspießer durch seine übertrieben aufrechte

Körperhaltung und seinen prüfenden Blick bei optischen Veränderungen in seiner unmittelbaren Umgebung.

Arbeitet man nicht gerade im Büro, kann man sich natürlich auch im Archiv, an der Produktionsmaschine oder als Außendienstmitarbeiter im Auto entsprechend organisieren. Man kann etwa die Ersatzteile numerisch ordnen, die Maschine nach jedem Gebrauch putzen oder die Auftragsformulare umgehend in Klarsichthüllen verpacken und abheften.

All das entspricht dem Optimalfall, der aber leider nicht immer eintrifft, denn auch Beamte - Angestellte sowieso - müssen mittlerweile auch arbeiten, bekommen kurzfristige Sonderaufgaben und geraten mitunter in Stresssituationen. Das macht die Sache prekär, denn schließlich hält unsere Arbeitnehmer in erster Linie ihr intakter und ordentlicher Arbeitsplatz am Leben und sorgt für ihre eigene absonderliche Arbeitszufriedenheit. Erscheint dieser nicht auch auf den letzten prüfenden Blick einwandfrei und identisch mit dem morgendlichen Ist-Zustand, ist nicht nur der Arbeitstag gelaufen, sondern auch der Feierabend.

Ist es ein Wunder, dass derartige seelische Grausamkeiten zu psychischen Problemen, Depressionen und letztendlich zum Vorruhestand führen? Ist es ein Wunder, dass Arbeitsexistenzen nicht mehr durch körperliche, sondern durch derartige mentale Schockzustände torpediert werden? Sicher nicht. Depressionen werden immer mehr zur Volkskrankheit, und natürlich kann in vielen Fällen die fehlende Perspektive auf einen ordentlichen Arbeitsplatz dazu beitragen.

Es ist nicht das viel zitierte Mobbing, das uns krank macht. Nein. Die Kollegen machen sich sowieso über unser Musterbeispiel lustig. Das ist normal. Die Beamtenspießer haben sogar den Vorteil, dass sie dies gar nicht wahrnehmen. Und was man nicht merkt kann einen auch nicht krank machen. Wenn aber ein Arbeitskollege den akkuraten Ablauf stört und den Arbeitsplatz angreift, dann fällt dies auf, und im Wiederholungsfall sind die Folgen verheerend.

5.3 Immer mit der Ruhe!

Es gibt so viele Floskeln, die in der heutigen Arbeitswelt eigentlich gar nicht mehr gehen. „Da bin ich nicht für zuständig", „Ich weiß nicht, ob ich da in nächster Zeit noch zu komme", „Da muss ich mich erst mal erkundigen" oder „können Sie mich da bitte im nächsten Monat noch mal dran erinnern" sind nur einige davon.

In Zeiten von optimierter Kundenzufriedenheit, Teamwork und Tempo sind derartige Aussagen eigentlich tabu. Nicht für unseren Vorzeigespießer, schließlich sind es diese mittelalterlichen Vorschriften, Organisationspläne, Anordnungen und Arbeitsanweisungen, an die er sich klammert und die gleichermaßen sein alltägliches gewerbliches Lebenselixier darstellen.

„Wo kommen wir denn da hin, wenn hier jeder macht, was er will", fragt er sich völlig zu Recht, und fügt prompt hinzu: „Immer mit der Ruhe. Das muss ich erst einmal prüfen, mit mehreren Instanzen absprechen, um anschließend eine Entscheidung vorzubereiten." Hastige und unkontrollierte Kollegen sind im Laufe dieser Überlegungen bereits drei Schritte weiter oder haben Feierabend, aber dafür haben sie auch sämtliche Vorgaben - egal ob real oder irreal - missachtet und gehören in seinen Augen mindestens gevierteilt.

Was liegt also näher, als sich bei der nächstbesten Stelle über ein derart unverantwortliches Verhalten zu beschweren und auch dafür ist unserem Prototyp seine Arbeitszeit natürlich nicht zu kostbar. Schließlich geht es ja um das Prinzip und nicht zuletzt auch um Präventivmaßnahmen gegen die betriebliche Revolution.

6   Organisierte Peinlichkeit

Es gibt manche Dinge, auf die kann man als Deutscher nun wirklich nicht stolz sein. Es sind diese peinlichen Veranstaltungen, die schon Tradition sind, aber mit denen man unbedingt einmal brechen müsste.

Brechen. Ein gutes Stichwort. Wenn ich an Schützenfeste, das Münchener Oktoberfest, die Volksmusik oder an manche Ausuferungen des rheinischen Karnevals denke, fällt es mir wirklich nicht leicht, das Innere der Magengegend nicht nach außen zu kehren.

Selbst Fußballspiele kann man sich nicht mehr gefahrlos angucken, da man auch dort den Verrückten über den Weg läuft. Wildgewordenen Fans, die sich entweder gar nicht für das Spielgeschehen interessieren oder solche, für die es außer dem Fußball kein eigentliches Leben mehr gibt.

6.1 Schützenvereine

Ich glaube nicht, dass es in diesem Land viele peinlichere Dinge gibt als Schützen. Wie viele andere Interessengruppen auch, organisieren sie sich in Vereinen, stellen Satzungen auf. Die Frage ist nur: Warum?

Es fällt mir ausgesprochen schwer, mich in diese Menschen hineinzuversetzen, auch wenn meine Menschenkenntnis ansonsten recht gut ausgeprägt ist. Ich könnte mir vorstellen, bei den Schützen sind es in erster Linie Minderwertigkeitskomplexe. Ist doch toll so ein Verein, da kann ich rumballern ohne Sinn und Zweck, saufen und großartige Uniformen tragen, die mir sonst niemand guten Gewissens zur Verfügung stellen würde.

Sie treffen sich, trainieren in vereinseigenen Schießanlagen ihre Künste, wählen Vorstände und finden sich ganz toll. Einmal im Jahr werden dann grünweiße Fähnchen überall aufgehängt, und der Betrachter weiß, am nächsten Wochenende ist wieder Schützenfest.

Die Kinder freuen sich dann auf Zuckerwatte, Karussell und Autoskooter, und mir wird regelmäßig schlecht, denn das, was einem dort und an diesen Tagen präsentiert wird, ist nun wirklich der Gipfel deutschen Spießertums.

Es beginnt meistens recht harmlos. Die Kirmes wird eröffnet, die Kinder tummeln sich auf den Fahrgeschäften und die Schützen halten sich noch zurück. Da und dort entdeckt man mal einen jungen Adjutanten mit einem Orden an seiner Schützenjacke und einem Glas Bier in der Hand. Alles halb so wild, denn wie viele wilde Tierarten in der Natur sind auch die Schützen erst im Rudel gefährlich.

Während das Normalvolk froh ist, am frühen Abend die Kinder einsammeln zu können und nach Hause zu schreiten, geht für die Schützen der Tag erst los. Im Festzelt feiern sie sich und wählen wahrscheinlich nebenbei noch irgendwelche Helden des Tages. Es ist auf jeden Fall eine dieser Veranstaltung, die man definitiv nüchtern nicht ertragen kann, und auch nicht ertragen wird.

Sei's drum. Ist ja nicht so schlimm, denkt man sich, sie sind ja unter sich, hoffentlich gut bewacht und behelligen die Außenwelt nur temporär. Das wird sich allerdings am nächsten, spätestens am übernächsten Tag dieser Schützensause ändern.

Ich glaube es nennt sich Schützenumzug oder -einmarsch, wie auch immer. Es ist auf jeden Fall ein Schauspiel, dem man schon deshalb schwer entgehen kann, weil sämtliche Gemeindestraßen in dieser Zeit gesperrt sind.

Angeführt von der unvermeidlichen Blaskapelle, schreiten sie hoch erhobenen Hauptes durch die Straßen und präsentieren sich ihren Jüngern. Voreweg der Schützenkönig, dahinter ältere Vereinsmitglieder, die ob ihrer vielen Orden und der kleinen Schnäpschen zwischendurch mit der Erdanziehungskraft zu kämpfen haben, und dahinter einzeln oder in Pärchen das übrige Fußvolk. Die Männer in ihren grünen Uniformen und die Damen in nicht minder geschmacklosen grünweißen Kleidern.

Eins steht fest. Sie fühlen sich großartig, und die Betrachter spielen das Spielchen mit. Mitunter jubeln die Gaffer den Grünweißen zu wie amerikanischen GIs, die gerade von einer ihrer erfolglosen Anti-Terror-Mission zurück ins Heimatland gekehrt sind. Als nüchterner Betrachter fragt man sich schon, was diese grün Uniformierten für ihr Heimatland geleistet haben, außer eine weitere peinliche Zurschaustellung deutschen Spießertums zu manifestieren?

Mit stolz geschwellter Brust geht es dann also Richtung Schützenplatz, wo der Einmarsch ins Festzelt noch einmal gesondert präsentiert wird. Zu diesem Zeitpunkt ist mir schon recht übel, aber damit noch nicht genug.

In den folgenden Stunden verstreuen sich die Schützen auf dem Festgelände und machen dem neutralen Besucher das Leben schwer. Beim Autoskooter fühlen sie sich dann besonders toll, meinen, sie hätten die Bahn gepachtet und freuen sich wie kleine Kinder, wenn sie einmal den Schützenkönig rammen können. Selbst die tatsächlich kleinen Kinder benehmen sich um Längen erwachsener.

Die Krönung dieses Schauspiels ist dann letztendlich das Königsschießen. Aufgereiht wie Perlen an der Schnur, versuchen die Auserkorenen nacheinander mit einem Luftgewehr einen Holzvogel von einem Kran zu entfernen. Irgendwann nach dem gefühlten Schuss Nummer 738 fällt das Vieh dann zu Boden, nachdem zuvor bereits mehrfach bei jeder kleinsten Bewegung des gefiederten Holzfreundes ein Raunen durch die Menge ging.

Warum schießen die denn alle daneben, wenn die schon das ganze Jahr dafür üben? Das habe ich mich anfangs gefragt.

Aber das habe ich schnell erfahren, nachdem der Bürgermeister, der Notar oder der mittelständische Unternehmer als Sieger gefeiert wurden. Schützenkönig zu werden kostet nämlich Geld, bringt Renommee, Anerkennung und ist somit nicht für Jedermann gedacht. Kurzum: Schützenkönig wird man nicht durch seine Schieß-, sondern durch seine finanziellen Überredungskünste im Vorfeld.

Natürlich fragt man sich als rational denkender Mensch, warum solche Leute zig Tausende von Euro investieren, um ein Jahr als Schützenkönig zu fungieren und um die trinkfreudigen Vereinsgesellen über eben diesen Zeitraum auszuhalten?

Neben dem Titel und seinem Konterfei in den Zeitungen, stecken tatsächlich auch gesellschaftliche Vorteile dahinter, denn - ähnlich wie beim Karnevalsprinz - macht man auch mit dem Schützenkönig gerne Geschäfte. Hinzu kommt, dass man mancherorts niemals zu einem geachteten Sohn der Stadt werden kann, wenn man nicht einmal Schützenkönig war.

Parallel dazu haben die Schützenvereine einen nicht unerheblichen Einfluss auf die Machtgremien der Stadt oder Gemeinde. Kurzum: Das Schützenfest ist heilig. Da werden Lärmschutzverordnungen kurzerhand außer Kraft gesetzt und konkurrierende Veranstaltung aus fadenscheinigen Gründen schlichtweg verboten, respektive verlegt.

Spießer dieses Landes vereinigt euch, nehmt eine Waffe in die Hand, hängt euch einen bunten Orden um und man wird euch erhören und respektieren. Das ist traurig, aber leider wahr.

6.2 Karneval

„Karneval ist vulgär, mit aller Größe und allen Schrecken des Vulgären, aber nie frivol." Diese Worte stammen von dem deutschen Literatur-Nobelpreisträger Heinrich Böll (1917-85) und haben an Sinnhaftigkeit nur wenig eingebüßt. Vielleicht brauchen die Menschen dieses Vulgäre ab und zu, vielleicht gehört es einfach dazu und vielleicht ist es auch wichtig, einmal auszubrechen und die Normalität für den einen oder anderen Tag hinter sich zu lassen.

Es hat sicher nichts damit zu tun, dass wir grundsätzlich vulgär sind, vielmehr ist es eine unterbewusste temporäre Erscheinung, die manchmal ans Tageslicht stößt, und zwar dann, wenn es nicht auffällt. Im Karneval kann man sich hinter einer Maske verstecken, handelt im Kollektivwahn und hat somit keine oder kaum Repressalien zu befürchten.

Wenn es wirklich dabei bleibt, sich lustig oder skurril zu maskieren, ausgelassen zu feiern, zu bützen, zu trinken und einfach hemmungslosen Spaß zu haben, ist das doch völlig in Ordnung. Karneval ist ja nur einmal im Jahr, auch wenn manche Vereine das ganze Jahr Karneval feiern, aber genau dann verliert die Geschichte ihren Reiz.

Vielerorts wird diese Sitte natürlich übertrieben. Wenn sich Jugendliche über alle Maßen besaufen, und nachher in der Erste-Hilfe-Station liegen oder sich vor die Köpfe schlagen, ist die Grenze überschritten.

Eben grenzwertig und peinlich zugleich ist es, wenn der Finanzbeamte, Schrebergartenvorsitzende und Berufsspießer Horst M. auf einmal gegen 19 Uhr den ominösen Schalter umlegt, plötzlich unter Alkoholeinfluss ausgelassen und fröhlich ist und seinen weiblichen Kolleginnen ans Gesäß fasst.

Nicht zu unterschätzen ist auch der kommerzielle Effekt im Karneval. Größere Karnevalsvereine sind schon fast mittelständische Unternehmen, und entsprechend hoch sind Kosten und Renommee. Möchte man in einer Hochburg der fünften Jahreszeit als Karnevalsprinz kandidieren, kostet das horrende Summen, die sich allerdings auch durchaus refinanzieren lassen.

Schließlich ist der Karnevalsoberste eine Institution, mit der man Geschäfte macht und der auch gerne im Anschluss befördert wird.

Somit wurde auch diese, vorwiegend rheinische Festivität über die Jahre ihrer eigentlichen Identität mit maskieren, feiern, fröhlich sein und Nubbelverbrennung am Veilchendienstag beraubt, da Spießer und Geschäftemacher auch diese Veranstaltung ad absurdum geführt haben.

6.3   Oktoberfest

„Die Bayern haben doch n Knall." So denken doch die meisten Nord- und Mitteldeutschen, und wahrscheinlich haben sie Recht. Der bayrische Süden unserer Republik beschert uns zwar regelmäßig genügend Startplätze für die Champions League, aber grundsätzlich gehört er doch zu Deutschland wie protestantische Pfarrer in den Vatikan.

Letztendlich gehört Bayern aber doch zu unserem Land, und mal abgesehen von ihrer furchtbaren Sprache, ihrer noch geschmackloseren Landestracht und ihrer christlichen Volkspartei, haben die Südländer doch zumindest einmal im Jahr etwas Interessantes zu bieten. Das Oktoberfest, oder heimisch die „Wiesn" genannt.

Hunderttausende pilgern in diesen Wochen nach München, um dem Schauspiel beizuwohnen. Bei dem größten Volksfest der Welt gehören der Rummelplatz und etliche Kirmeshighlights ebenso dazu wie die stadiongroßen Bierzelte, in denen stämmige Kellnerinnen mit üppigem Vorbau den Gästen große Bierkrüge in Massen kredenzen. Was für eine Gaudi!

Dabei ist es zunächst einmal fast unmöglich, ohne Beziehung oder Voranmeldung einen Platz in diesen überdimensionalen Festzelten zu ergattern. Hat man es dann doch geschafft, staunt man natürlich nicht schlecht.

Vor uns stehen hunderte von Tischen und Bänken, die nebeneinander aufgereiht sind in einem Zelt, das wir in solchen Ausmaßen noch nie gesehen haben. Irgendwo hat sich eine Blaskapelle positioniert, die durch den kollektiven Lärm aber kaum zu hören ist.

Auf den Sitzgruppen tanzen junge Menschen bereits morgens auf den Tischen, ältere Herrschaften schunkeln und klatschen in die Hände. Der kollektive Wahnsinn ist das. Tausende von betrunkenen oder freudetrunkenen Menschen, die sich von einer lawinenartigen Geselligkeit anstecken lassen. Na ja, vielleicht wissen die Bayern ja doch, wie man feiert. Eine optische Größe hat die ganze Geschichte auf jeden Fall.

Manche Menschen nutzen natürlich auch diese kollektive Heiterkeit, um - ähnlich wie beim rheinischen Karneval - endlich mal aus sich raus zu gehen, um unerkannt buchstäblich die Sau raus zu lassen und ihr langweiliges Spießerleben für den einen oder anderen Tag hinter sich zu lassen. An einem Tag flöß ich mir den Gerstensaft literweise ein, um am nächsten Tag wieder an meinem akkuraten Schreibtisch zu sitzen. Was für ein Quantensprung!

Leider vertragen einige Leute den ganzen Alkohol nicht, randalieren, übergeben sich oder müssen medizinisch behandelt werden. Sanitäter und Reinigungsdienste haben bei diesen Festen leider immer mehr zu tun, aber auch die Polizei ist immer häufiger im Einsatz, schlichtet Streiterei, nimmt Anzeigen auf oder muss auch schon mal den einen oder anderen Besucher vorübergehend aus dem Verkehr ziehen.

Das sind aber die Backgroundgeschichten, die man auf der Mattscheibe oder in der Boulevardpresse nicht sieht. Dort ist das Oktoberfest ein echtes Medienereignis, das zelebriert wird, und das natürlich auch Promis, Möchtegerne und Papparazis auf den Plan ruft.
Echte Stars sieht man dort kaum, sie sind sich für so etwas zu schade. Die Wiesn sind mehr eine Spielwiese für Sternchen, die

sich noch für was auch immer empfehlen möchten, irgendwelche Schlagerfuzzies, abgehalfterte Schauspieler oder ehemalige Sportstars, die sich durch die vielen Kameras mal wieder ins Gedächtnis rufen möchten. Veronica Ferres, Roberto Blanco, solche Namen fallen mir in diesem Zusammenhang spontan ein.

All diese Gestalten meinen in diesem Zusammenhang, dass zum Showcomeback bereits eine bayrische Tracht sowie der Konsum heimischer Getränke reichen. Es ist, wie es immer ist. Wo Licht ist, ist auch Schatten, und wo viele Menschen und Kameras sind, gibt es auch immer wieder die Effekthaschereien.

Und mittendrin unsere Spießerschar, die mit dem heimischen Reisebus zum Dumpingpreis angereist ist, und bereits sechs Stunden später wieder zurück in ihre Einöde gekarrt wird. Da hat man dann was zu erzählen. Geschichten aus der großen weiten Welt.

6.4   Mutantenstadl

Jeder kennt wahrscheinlich den öffentlich-rechtlichen „Musikantenstadl" oder vergleichbar peinliche Fernsehformate. Für normale Menschen ist dies bei der gelegentlichen Betrachtung eine humoristische Freude, eigentlich mehr Parodie als Realität. Leider möchten diese Veranstaltungen gar nicht witzig sein, und das ist das Schlimme an der ganzen Sache.

Es ist schwer zu begreifen, wie sich Senioren mit dritten Zähnen, Gicht und Demenz freudetrunken auf die Schenkel schlagen, wenn Patrick Lindner wie ein Honigkuchenpferd auf LSD auf die Bühne stürmt und mit seinen hirnlosen Texten sprichwörtlich die ganze Welt umarmt.

Teilweise mischen sich sogar jüngere Personen unter die Freunde der volkstümlichen Musik. Das können eigentlich nur die Betreuer sein, oder die Verwandten, die Oma und Opa am Abend wieder im Seniorenheim abliefern müssen. Anders kann ich mir das nicht erklären.

Allein diese Tatsache macht mir allerdings Sorge. Gibt es wirklich eine Altersgrenze oder ein Verfallsdatum für guten Musikgeschmack? Finde ich selbst auch in 40 Jahren E-Gitarren doof und steh auf Schlagerheinis, die über Gartensträucher und sprechende Obstplantagen singen?

Manchmal kommt es mir so vor, schließlich sind diese Veranstaltungen ja immer gut besucht, füllen große Hallen und würden wahrscheinlich sogar Stadien bevölkern, wenn es den Omis dort nicht zu kalt wäre.

Die können doch nicht alle dazu gezwungen werden. Oder vielleicht doch? Natürlich ist es ein Highlight, wenn das Altenheim einmal im Jahr einen Ausflug zu Karl Moik macht. Wer möchte nicht einmal mit dem lieben Karl oder dem süßen und höflichen Patrick an der abendlichen Essenausgabe stehen? Die tragen mir bestimmt auch das Tablett an den Tisch.

Aber sind es denn wirklich nur Heimbewohner, die bei den Fernsehsendungen, die wahrscheinlich vor der Ausgabe des Abendessens aufgezeichnet werden müssen, in den vorderen Reihen sitzen? Oder gibt es tatsächlich auch Omis, die sich ihre Karten für den Musikantenstadl selbst im Internet bestellen und anschließend ihre Enkel bestechen, sie ohne Wissen der Eltern dort abzusetzen und anschließend wieder nach Hause zu bringen?

Noch schlimmer fände ich die Vorstellung, dass sich Menschen jüngerer Generation freiwillig dieser musikalischen Tortur aussetzen. Was ist denn bloß in diesen Familien schiefgelaufen? Wie kann man sich denn ohne Zwang diesen optischen und akustischen Grausamkeiten aussetzen? Wie kann einem denn das letzte warme Essen im Magen bleiben, wenn Marianne und Michael in Dirndl und Trachtenanzug vor einem stehen und mit Inbrunst über die schönen Berge und kitschige Liebesszenarien trällern? Das geht doch nicht.

Es muss ein böser Alptraum sein. Bitte kneif mich. Sag mir, dass es alles nicht wahr ist, was dort passiert. Warum bloß werden anspruchsvolle Sendungen aufgrund der schlechten Einschaltquote aus dem Programm genommen, aber keiner stoppt diesen Mutantenwahnsinn. Lieber Gott, lass mich bitte niemals so tief sinken.

6.5   Fußballfans

Die schönste Nebensache der Welt, Volkssport Nummer eins, König Fußball. Es gibt viele Bezeichnungen für die wöchentliche Jagd nach dem runden Leder, die Millionen Fans und Betrachter in ihren Bann zieht. Fußball ist ein Allgemeingut. Er dient der Freizeitbeschäftigung für sich selbst oder als Betrachter, sorgt für dauerhaften Gesprächsstoff und teilweise auch für durchaus sympathische Schadenfreude, wenn der konkurrierende Club mal wieder das Stadtderby verloren hat. Der Fußball gehört einfach zu unserer Gesellschaft wie der Fernseher, der Computer oder der Supermarkt.

Gleichwohl gibt es Unterschiede, Nuancen und Diskrepanzen, vor allem zwischen den Fans. Es gibt drei Arten von Anhängern:

a) den „normalen" Fan
b) den Fanatiker
c) den Event-Fan

Der „normale" Fußballfan verfolgt die Spiele seines Clubs, hat im äußersten Fall eine Dauerkarte oder geht ab und zu mal hin und kennt sich darüber hinaus mit der Sportart ganz gut aus. Er entnimmt die Neuigkeiten aus der Tagespresse, Fachzeitschriften oder dem Fernsehen, kann somit auf ein solides und nicht übertriebenes Grundwissen zurückgreifen und kann jederzeit im Kollegenkreis diesbezüglich mitreden. Bei Niederlagen ärgert er sich eine kurze Zeit, um sich anschließend wieder seinem eigentlichen Leben zu widmen.

Dieses Leben hat der Fanatiker nicht. Er lebt für den Fußball, von morgens bis abends und seine Vereinsliebe geht bis ins Mark. Teilweise wird diese übertriebene Zuneigung einem Fan in die Wiege gelegt, aber manchmal resultiert sie auch aus mangelnden Alternativen. Diese Fanatiker sind oft allein und haben nichts anders als ihren Sport. In diesem Fall wird die Gesamtsituation besorgniserregend. Zunächst einmal ist es natürlich traurig, wenn einem außer 90 Minuten Fußballunterhaltung und den übrigen Fernsehübertragungen kein Sinn des Lebens zugetragen wurde.

Darüber hinaus kann dieser Fanatismus schnell zur Sucht werden. Unser Megafan gibt sein ganzes Geld für Tickets, Fanartikel, Sportwetten und Zeitschriften aus. Alles andere ist nebensächlich. Es interessiert ihn gar nicht mehr, wie er sich ernährt oder was um ihn herum passiert. Sein ganzes Leben fokussiert sich auf diesen Sport. Wie soll man in dieser Situation am normalen Gesellschaftsleben teilhaben oder gar seinen Horizont auch einmal erweitern? Im Fanbus nach Frankfurt oder Marseille gelingt ihm das sicherlich nicht.

Ferner zeichnet sich sein begrenzter Intellekt dadurch aus, dass er mit Niederlagen oder Rückschlägen schwer umgehen kann. Mitunter beschäftigt ihn eine mutmaßlich unberechtigte rote Karte die komplette Arbeitswoche. Gerade zu beängstigend wäre es, wenn er seiner einzigen Liebe nicht mehr frönen könnte. Für ihn wäre es undenkbar, wenn er samstags nicht mehr ins Stadion gehen könnte, um seine Jungs anzufeuern. Wie viele Fußballverrückte haben sich schon das Leben genommen, nachdem gegen sie Stadionverbote ausgesprochen wurden.

In diesen Zusammenhang passt natürlich auch die zunehmende Gewalt- und Konfrontationsbereitschaft der Zuschauer. Viele angebliche „Fußballfans" gehen nur ins Stadion, um Stress zu machen. Das Spiel interessiert sie überhaupt nicht. Teilweise wissen sie nachher gar nicht, wie das Spiel ausgegangen ist. In solchen Fällen wäre es doch sinnvoller, anderen Personen die Karten zu überlassen, sich auf einem Lidl-Parkplatz zu treffen, sich dort zu beschimpfen oder von mir aus gegenseitig zu verprügeln. Dann werden zumindest keine unbeteiligten Personen in Mitleidenschaft gezogen.

Der große deutsche Kabarettist Dieter Hildebrandt hat es in seinem Buch „Nie wieder achtzig!" etwas überspitzt auf den Punkt gebracht. Er erklärt, dass er nie Berufsfußballer hätte werden können, da er das Publikum nicht überstanden hätte, ohne ihm seine tiefe Verachtung anzuzeigen:

„Es gibt kein dümmeres Volk als das wöchentliche Fußballvolk, das es tatsächlich 90 Minuten lang schafft, ununterbrochen eine Textzeile und eine Melodie zu grölen, ohne für das Spiel größeres Interesse aufzubringen. Mitglieder von Fanclubs, die, im Bus schon besoffen, am Spielort ankommen und wie eine Büffelherde in die richtigen Bahnen gelenkt werden müssen, damit sie nicht materiellen Schaden in der Stadt anrichten." (Dieter Hildebrandt)

Dann gibt es aber auch noch die so genannten Eventfans. Sie gucken meistens nur Spiele der Nationalmannschaft bei großen Turnieren und schlagen sich ansonsten mit dummen Floskeln durch die oftmals von Fußballthemen begleitete Alltagswelt. Bei diesen internationalen Meisterschaften werden sie dann aber akribisch, lernen kurzerhand die Namen der wichtigsten Nationalspieler auswendig und täuschen mehr oder weniger glaubhaft Fachwissen vor.

Sie sind es, die beim Public Viewing in der ersten Reihe stehen, die am lautesten jubeln und sich als erste als echte Welt- oder

Europameister fühlen. „Hast Du gesehen, wie WIR gestern gespielt haben", frohlocken sie morgens. Mit konträren Äußerungen, wie „warte mal ab" oder „ich habe da aber noch die eine oder andere Schwachstelle ausgemacht" können sie nichts anfangen. Sie verstehen nun einmal nichts von den Feinheiten und beten meist nur das nach, was die Moderatoren, Kommentatoren oder Experten ihnen am Abend zuvor vorgebetet haben. Auf diese Weise wird jeder Fernsehzuschauer zum Bildschirm-Netzer oder -Delling.

Sie haben auch überhaupt keine Freude an dem Spiel oder an dem Event an sich. Es geht ihnen um den gesellschaftlichen Aspekt. Jeder guckt in dieser Zeit Fußball, und da möchte man natürlich nicht außen vor stehen. Von der eigentlichen Faszination dieses Sports, von der liebevollen Hingabe der Fans für einen Verein, von den Emotionen im Stadion, von der unglaublichen Athletik der Akteure haben sie keine Ahnung.

Ihnen läuft kein kalter Schauer über den Rücken, wenn sie ihre Vereinshymne vor Ort hören und mitsingen oder wenn sie den Namen ihres Lieblingsspielers ins weite Rund skandieren. Sie haben vielleicht bei der Nationalhymne Tränen in den Augen, weil sie dieses unser Land so abgöttisch lieben und alles, was dazu gehört.

7   Typisch deutsch

Was ist typisch deutsch? Schwer zu sagen. Natürlich kennt man die üblichen Klischees, die unsere ausländischen Freunde verbreiten. Für die Amerikaner sind wir die „Krauts", die Sauerkraut und Schweinebraten fressen, literweise Bier in uns hineinschütten und keinen Humor haben.

Sicherlich mag die eine oder andere Facette teilweise stimmen, und sicherlich können wir von den Engländern in punkto Humor noch was lernen, aber grundsätzlich sind derartige Pauschalurteile völlig daneben.

Mercedes, Klinsmann, Hakenkreuz verbindet man wohl in der arabischen Welt mit Deutschland. Was natürlich noch verfehlter und gleichzeitig banal ist.

Dennoch bin ich der Meinung, dass es typisch deutsche Eigenschaften gibt, und die sind nicht immer positiv. Früher waren wir als Dichter und Denker geachtet, später wurden wir für unseren technischen Fortschritt beneidet, aber was ist davongeblieben? Nicht wirklich viel.

Mittlerweile können wir oftmals neben unserer nachgewiesenen fußballerischen Klasse nur noch Sozialkompetenzen wie Pünktlichkeit oder Fleiß unter Beweis stellen.

7.1 Der Spießer im Urlaub

Auch Spießer haben ein Recht auf Urlaub und Erholung. Keine Frage. Dennoch ist es nicht immer unproblematisch, diese unsere Landsleute auf unsere ausländischen Freunde loszulassen, und das hat nur bedingt etwas mit den üblichen Urlaubsklischees zu tun, die so abgenutzt sind wie Dolly Buster oder Lothar Matthäus.

Wir Deutschen benehmen uns im Ausland schlecht, protzen mit unserem Reichtum und passen uns nicht den nationalen Gegebenheiten an.

Natürlich meinen manche Leute, sie könnten mit ihrem Geld den ganzen Urlaubsort kaufen, aber letztendlich können sich Engländer und irgendwelche neureichen Russen noch viel schlimmer und dekadenter aufführen.

Der Spießer im Urlaub kann sich schon benehmen, der lässt nicht die Sau raus, schließlich steht er ja auch in der Heimat nicht für Lautstärke, sondern für Akribie, Sauberkeit und Ordnung. Gerade diese Eigenheiten können aber äußerst peinlich sein und einem normalen deutschen Urlauber die Schamesröte ins Gesicht treiben.

Es beginnt bereits mit der Pünktlichkeit, ohne die es für unsere Hauptdarsteller natürlich auch im Urlaub nicht geht. Einmal Vorbild, immer Vorbild, denkt er sich, und steht natürlich auch in seinem Urlaubsdomizil früh auf. Nicht unbedingt, um viel vom Tag zu haben, sondern weil er es so gewohnt ist.

Folgerichtig ist er auch der erste an sämtlichen Büffets, egal ob am Morgen, Mittag oder am Abend. Das kann natürlich schon mal zu Irritationen führen, denn vor allem in südlichen europäischen Gefilden nimmt man es mit der Uhrzeit nicht immer so genau, sondern empfindet Zeitdruck eher als Störfaktor.

Beharrt man dann als Gast auf sein verbrieftes Recht auf eine zeitnahe Nahrungsaufnahme, kann es schon mal zu Konflikten kommen und in solchen Situationen bin ich zum Beispiel froh, wenn ich nicht auf Anhieb als deutscher Staatsbürger zu identifizieren bin. Ist man also in der Nähe verwendet man vielleicht schnell ein paar Brocken einer anderen Sprache oder hält einfach mal den Mund. Mischt man sich ein, wird man ob seiner Nationalität viel zu schnell ebenfalls in die deutsche Spießerschublade verfrachtet, und wer will das schon?

Noch schlimmer wäre natürlich, wenn man dann auch noch Spießer Hertha und Spießer Karl sympathisch wäre und diese einen fortan auf Schritt und Tritt verfolgen und bereits anfingen, gemeinsame Urlaubsaktivitäten zu planen. Schließlich bedeutet die Tatsache, dass man über den gleichen Pass verfügt noch lange nicht, dass man auch seinen Jahresurlaub mit ihnen vergeuden möchte.

Man betrachtet also das Szenario aus der Ferne und wundert sich schon lange nicht mehr, dass die Deutschen im Ausland nicht immer beliebt sind. Neben der sprichwörtlichen Pünktlichkeit zeichnen den deutschen Urlaubsspießer aber noch andere Eigenarten aus. Andere Urlaubsgäste passen sich sehr schnell der Mentalität an und versuchen zum Beispiel Speisen und Getränke in Landessprache zu bestellen.

„Nicht mit uns", denkt sich die Spießerfamilie. Sie benehmen sich wie zu Hause, fragen ständig nach, wenn sie etwas nicht verstehen - und das kommt pausenlos vor - und wundern sich dann auch noch, dass sich die Kellner bereits nach erstaunlichen kurzen Intervallen über sie lustig machen.

Es muss eben alles stimmen, und das macht den ganzen Urlaub so derart abstrus. Schließlich fährt man ja eigentlich weg, um sich zu erholen und nicht, um alles akkurat, steril und passgenau zu haben.

Spießer machen nicht Urlaub nach Lust und Laune, Spießer haben Urlaub genau nach Katalog. Genau so soll es sein, ist es aber erfahrungsgemäß nie. Ich weiß das, Sie wissen das, er weiß es nicht, oder möchte es nicht wahrhaben.

Folglich ergeben sich laufende Unwägbarkeiten und Kritikpunkte. Ist der Strand nicht 800 Metern, sondern 1.200 Meter vom Hotel entfernt, wird dies vermerkt und sorgt für die ersten Ärgernisse. Die Sehenswürdigkeiten sind ebenfalls weiter weg und auch das Hotel sieht nicht so aus, wie in den Hochglanzprospekten.

All diese Dinge widerstreben unserer Testperson, die sich immer wieder denkt: „So etwas gibt es in Deutschland nicht." Richtig, es gibt so etwas in Deutschland nicht. Deswegen fährt man ja weg, um mal etwas anderes kennen zu lernen, andere Sitten, andere Mentalitäten.

Diese Individualitäten der Menschen auf der Welt. Das ist doch das Schöne, das Einzigartige. Das sind die Dinge, die wichtig für uns sind, die uns helfen, unseren eigenen Horizont zu erweitern.

Das gilt aber nicht für unseren deutschen Urlaubsspießer, der so festgefahren in seinen Strukturen ist, und deswegen auch geistig derart verkümmert. Er lässt einfach nichts Neues zu, und somit wird sich auch sein Horizont niemals erweitern, weil er es nicht zulässt.

Er läuft mit Scheuklappen durch sein Leben und ist demzufolge auch nicht in der Lage, sich weiterzuentwickeln. Er bleibt auf einem Stand, verteidigt diesen, und irgendwann verkümmert er an dieser Stelle. Und das nicht nur im Urlaub.

Manchmal fällt ihm das auf, irgendwann, aber meistens ist es dann zu spät. Die vergeudete Zeit kann er nicht mehr aufholen, und das lässt ihn dann wiederum resignieren.

7.2 Der patriotische Spießer

Gegen Patriotismus ist eigentlich nichts zu sagen. Natürlich haben wir immer noch ein schlechtes Gewissen ob unserer Vergangenheit. Das ist ja auch richtig so, aber wie lange ist das jetzt her? Als Mitte-70er-Jahrgang kann ich mich da gar nicht mehr hinein versetzen, selbst wenn ich mir noch so viel Mühe geben würde.

Es waren Zustände, die unsere Großeltern erlebt haben, und zu denen uns heutzutage jeglicher Bezug fehlt. Wir sind als erste Generation mit hochmoderner Technik und darüber hinaus völlig unpolitisch aufgewachsen. Da kann man uns ja wohl kaum für den Zweiten Weltkrieg verantwortlich machen, den wir nur aus der Schule oder aus Büchern kennen, und von dem wir uns kein Bild machen können.

Weltkriege. Wer kennt das heutzutage schon? Wir werden mit Amerikanischen Angriffskriegen groß, wo es um Geld, Macht und Öl geht, und die vom deutschen Staat unterstützt werden. Dafür sterben unsere Soldaten heute, nicht mehr für irgendwelche größenwahnsinnigen Irren, die ihre Rasse säubern wollen und territoriale Ansprüche anmelden. Die ganze Welt will niemand mehr erobern. Vielleicht auch deshalb, weil sie bereits in den Händen unserer alliierten Freunde liegt.

Natürlich ist immer Vorsicht geboten, wenn in der Gesellschaft rechte Tendenzen wieder wach werden. Dann wirken wir entgegen, das ist doch klar. Letztendlich sehe ich aber keine braune Gefahr, und demzufolge bin ich auch einem gesunden Patriotismus gegenüber aufgeschlossen.

Über 50 Jahre war dies aber völlig verpönt in unserem Land; und ich behaupte, dass gerade diese Tatsache die rechtsradikalen Gruppierungen überhaupt erst stark gemacht hat. Es musste erst eine Fußball Weltmeisterschaft im eigenen Land stattfinden, um dies wieder zuzulassen. Fahnen wurden gehisst, jedes zweite Auto wurde mit einem Fähnchen versehen und auf einmal zeigte ein Land wieder Flagge.

Nun trat natürlich auch unser Spießer auf den Plan, kaufte sich kurzerhand im Baumarkt einen Fahnenmast und hisste die deutsche Flagge. Diese Maßnahme begründete sich aber nicht in der Tatsache, dass er großer Fußballfan ist, ganz im Gegenteil. Er versteht in der Regel so viel von diesem Sport wie Dieter Bohlen von guter Musik.

Nein, er hat förmlich auf diesen Moment gewartet, und das auch nicht, weil er ausländerfeindlich ist. Das ist es nicht, denn bei Spießern ist alles etwas anders, sie denken anders, reagieren anders, sie sind eben anders.

Spießer sind auch nur bedingt stolz auf ihr Land oder ihre Nationalität. Spießer sind einfach stolz auf die urdeutschen Tugenden und Marotten. Sie sind stolz auf unsere schönen Autobahnen, auf die sauberen Straßen. Sie sind stolz auf ihre Pünktlichkeit, freuen sich, dass die Mülleimer immer pünktlich geleert werden. Sie sind stolz, dass alles funktioniert. Sie lieben unsere Bürokratie, füllen gerne Formulare aus und machen immer pünktlich ihre Steuererklärung.

Kurzum: Sie sind stolz auf ein Land, in dem alles seine Ordnung hat, stolz auf ein Land, in dem man für jeden Mist ein Formular braucht. Sie erfreuen sich an den schönen Gärten und an den geregelten Strukturen. Darin begründet sich der deutsche

Spießer-Patriotismus, den sie nun auch endlich wieder öffentlich zur Schau tragen können. Sie können das ganze Jahr mit ihren Autofähnchen durch die Gegend fahren, schließlich ist ja immer irgendeine Welt- oder Europameisterschaft. Und sei es nur im Curling.

Darüber hinaus hat ja auch ihre „Bibel", ihr Lebensleitfaden, diese Marschroute ausgegeben. Die „Bild-Zeitung" startete unmittelbar nach der Weltmeisterschaft 2006 eine Kampagne: „Schwarz, Rot, geil - wir machen weiter" oder so ähnlich hieß es dort und man forderte die Dummen der Nation damit erfolgreich auf, auch nach dem sportlichen Großereignis weiter Flagge zu zeigen. Und an diese primitive Marschroute muss man sich natürlich halten.

7.3 Deutsche im Ausland

Jeder kennt diese Vorurteile gegenüber den penetranten Deutschen. Die Touristen, die abends angeblich bereits mit ihren Handtüchern die Sonnenliegen für den nächsten Tag reservieren oder ihr Terrain am Strand abstecken. Die mit ihren dicken schwarzen Autos angeben und so weiter und so fort.

Tatsächlich fallen die Deutschen im Ausland schnell auf, aber meistens durch andere Eigenschaften. Auf internationalen Tagungen und Konferenzen zum Beispiel. Wer sitzt morgens als erster am Tisch? Wer hält sich an die Pausenzeiten und ist rechtzeitig wieder vor Ort? Die Deutschen natürlich, was nicht selten zur Belustigung der übrigen Teilnehmer oder Gäste führt.

Pflichtbewusst, strebsam und pünktlich. So präsentieren sich die Deutschen in der globalen Arbeitswelt. Nicht mehr als Volk der Dichter, Denker und Erfinder. Nein. Vielmehr als spießige Streber, die Eifer und Fleiß demonstrieren wollen und sich streng an gar nicht vorhandene Regeln und Vorschriften halten. Natürlich ist es mancherorts sinnvoll, pünktlich zu sein, aber wie so vieles kann man auch dies übertreiben.

Vielleicht haben Sie auch schon mal einen Termin mit einem Handwerker oder Makler im südeuropäischen Ausland gemacht und sich gewundert, dass der gute Mann eine halbe Stunde zu spät kommt und ohne Umschweife zur Tagesordnung übergeht. Er muss sich nicht entschuldigen, weil er gar kein schlechtes Gewissen hat. Braucht er auch nicht, denn das ist in seinem Land normal.

Aber erklären Sie das einmal seinem deutschen Kunden, der ihm am liebsten an die Gurgel springen möchte. Man sollte sich halt etwas anpassen, dann hat man es leichter, aber das gelingt den meisten spießigen Westeuropäern leider nicht.

Wenn man dann noch nicht mal bereit ist, die nötigsten Sprachfetzen einzustudieren und auch sonst nicht annährend kompromissbereit ist, führt die ganze Geschichte auch zu keinem guten Resultat. Der Deutsche wundert sich dann, dass er mit seinen Tugenden sein Ziel nicht erreichen konnte. Dennoch wird er weiter drauf beharren, und die Schuld eher bei seinem unzuverlässigen Gegenüber suchen.

Wen wundert es da noch, dass uns Deutschen im Ausland nicht immer die von uns erhoffte Wertschätzung entgegengebracht wird? Einen logisch denkenden Menschen sicher nicht, aber leider fehlt uns oft die Flexibilität, um auf andere Mentalitäten zu reagieren.

7.4 Immer wieder sonntags

Der Sonntag ist kein schöner Tag für den deutschen Spießer, und auch nicht für den Deutschen an sich. Es ist dieser siebte Tag in der Woche, an dem er all die Sachen, die ihm so große Freude bereiten, nicht ausüben kann. Er darf nicht zur Arbeit, kann nichts einkaufen und er darf auch nicht Rasen mähen. Das ist sonntags verboten, und daran hält er sich natürlich. Man kann in die Kirche gehen, aber die endet auch schon sehr zeitig.

Hinzu kommt noch, dass die Waschstraßen an diesem Tag ebenfalls geschlossen haben und er noch nicht mal an der Tankstelle seinen Wagen reinigen darf. Er ist also in seinen Möglichkeiten stark eingeschränkt, und besonders kreativ ist er ja nun mal auch nicht. Als Einkaufstherapie bleiben somit nur noch die Gartencenter, die geöffnet haben dürfen. Dann kann man sich natürlich noch mancherorts neue Autos angucken, aber das ist auch nicht für jeden etwas.

Zu Hause kann er sich auch nicht wirklich beschäftigen, also ist die kollektive Langeweile vorprogrammiert, oder doch nicht? Ja, richtig, es gibt doch noch diese famosen Trödelmärkte. Es erstaunt mich immer wieder, wie viele Leute dorthin pilgern, auch wenn die angebotenen Sachen noch so schäbig und nutzlos sind. Fast jeder Besucher hat schönere Gegenstände im Keller oder auf dem Dachboden, aber man guckt sie sich dennoch an und kauft sie am Ende sogar noch.

Fragt sich nur. Warum? Egal, war ja nicht teuer, und außerdem fährt man ja nicht umsonst dorthin. Anbieter und Trödler, die ihren alten Schrott loswerden wollen, freuen sich natürlich über das stattliche Zubrot, und der Käufer hat nun noch mehr Müll zu Hause angekarrt. Das ist aber auch nicht entscheidend.

Entscheidend ist der zeitliche Aspekt. Es geht darum, diesen gottlosen Tag des Herrn endlich hinter sich zu bringen, um wieder seiner Arbeit nachgehen zu dürfen.

Natürlich kann man auch schwimmen gehen oder mit den Kindern in den Spielpark. Dann haben zumindest die Kleinen etwas davon, aber die Zurschaustellung von Altertümchen und Schrott scheint nun einmal interessanter zu sein. Außerdem bekommt man dort ja auch was zu essen und trifft vielleicht noch irgendwelche Bekannte, denen man dann sagen kann, was für einen Mist die hier verkaufen, um sich dann an der nächsten Bude heimlich den Jahreströdelplaner mit allen Terminen einzustecken.

Es sind aber nicht nur die Trödelmärkte, die ausarten und zur kollektiven Hysterie aufrufen. Manchmal ist es auch schlicht und einfach das Wetter. Scheint draußen die Sonne, fühlt man sich quasi gezwungen, etwas zu unternehmen, anstatt auf der Couch liegen zu bleiben, auch wenn man noch so wenig Lust auf Outdoor-Aktivitäten hat. Irgendwann in den frühen Lebensjahren wurde einem dieses Gen implantiert.

Dieses leidige „Nutze den Tag-", verbunden mit dem „Schönwetter-Gen". Es liegt auf einem wie ein Fluch. „Du musst raus, die Sonne scheint. Komm schon, beweg dich", flüstert dir das schlechte Gewissen ein. Der kleine Mann in deinem Kopf lässt dich nicht relaxen, ohne dass du zumindest ein, zwei Stunden an der frischen Luft warst. Und dann stellt sich immer noch die Frage nach der Zweckmäßigkeit deiner Freizeitaktivitäten, denn sonst kommt das kleine Männchen am Abend wieder und lässt dich nicht schlafen, weil es dir eintrichtert, du hättest diesen tollen Tag doch besser nutzen können.

So scheint es auch den meisten anderen Menschen zu gehen, dass sie scharenweise die Flucht ins Freie ergreifen. Den meisten fällt dann nichts Besseres ein, als Fahrradtouren zu machen oder spazieren zu gehen. In diesem Fall ist man gut bedient, wenn man zumindest einen Hund hat, dann sieht das Ganze nicht so erzwungen aus.

Motorradfahrer haben es bei gutem Wetter da noch besser. Sie können sich einfach ihre Maschine schnappen, drauf los heizen und müssen nicht lange überlegen. Motorradfahren vermittelt ein Gefühl von Freiheit und Abenteuer, und danach geht es einem besser.

Personen ohne Zweirad setzen sich auch oftmals einfach ans Steuer ihres Wagens und fahren sinnfrei drauf los. Dabei haben sie es nicht besonders eilig, schließlich verfolgen sie kein konkretes Ziel. Diese Tatsache bringt wiederum andere Verkehrsteilnehmer zur Verzweiflung, denn welcher normale zügig fahrende Autofahrer hat sich nicht schon einmal über diese Sonntagsfahrer geärgert?

Mit ihrer störrischen, schon fast penetranten Gelassenheit, mit der sie sich an jedes noch so sinnlose Tempolimit halten, können sie anderen Leuten, die ein Ziel vor sich haben oder vielleicht sogar arbeiten müssen, den ganzen Tag verderben, denn bewusst oder unbewusst können einen solche Szenarien stundenlang verfolgen.

Manchmal ist es wirklich das Beste, den kleinen Mann im Kopf einfach zu ignorieren, zu betäuben, einfach daheim zu bleiben etwas zu kochen und einen guten Film zu gucken. Fernab der wild umherirrenden Freiluftjunkies.

7.5 Die Lotto-Deppen

Nicht nur der deutsche Mensch ist in der Regel einfach strukturiert. Oftmals fristet er sein Dasein missmutig und jagt sein Leben lang Träumen und Sehnsüchten hinterher, die er sich unter normalen Umständen nicht leisten kann. Oder vielleicht doch? Da gibt es doch diese staatlichen Traumschlösser in Papierform, für die man umgangssprachlich Idiotensteuer bezahlt. Das Lottospiel.

Jeder weiß, dass die Gewinnchancen gegen Null tendieren, aber ebenso wenig tangiert dies die Leute. „Vielleicht gewinne ich ja im Lotto", heißt es dann immer, wenn man sich a), entweder einen lang gehegten Wunsch erfüllen möchte oder wenn man b) aus welchen Gründen auch immer, finanziell mit dem Rücken zur Wand steht.

Dabei gibt es diese schönen Vergleiche, von denen mich einer besonders überzeugt hat. Man stelle sich vor. Du findest irgendwo auf der Welt ein Handy. Dann wählst Du mit deinem Handy eine beliebige Nummer. Die Chancen, dass das Handy daraufhin bedingt durch deinen Anruf klingelt sind etwa so groß wie ein fulminanter Lottogewinn. Das will unser mutmaßlicher Lottokönig natürlich nicht hören, denn dann hätte er ja keinen Strohhalm mehr, an den er sich klammern könnte.

Jede Woche wandern Millionen und Abermillionen Euro in die Kassen der Annahmestellen und der größte Teil davon wandert weiter in die Staatskassen. Der Finanzminister freut sich. Braucht der Staat dann noch einmal etwas mehr Geld, wird der Jackpot bewusst gesteuert. Davon bin ich überzeugt, denn mehr Geld lockt noch mehr Leute, auch wenn die Chancen noch kleiner werden. Das ist ja das skurrile.

Sind am Samstag schließlich nicht neun, sondern 24 Millionen im Jackpot, dreht die Lottogemeinde komplett durch. An den Schaltern entstehen Schlangen wie vor einer Suppenküche in Afrika. Die üblichen Lottospieler investieren nun noch mehr Geld, und auch Leute, die normalerweise vernünftig sind und keine Idiotensteuer bezahlen, werden von den exorbitanten Gewinnsummen gelockt. Natürlich geht die Rechnung auf. Der Jackpot wird einfach mal verdoppelt oder verdreifacht, aber die Einnahmen vermehren sich um ein Vielfaches.

Noch wesentlich schwerer wird es allerdings, wenn man dann doch mal gewinnt. Wenn man plötzlich reich ist, viele Freunde hat und gar nicht weiß, wie einem geschieht? Ich frage mich immer, ob unser vielfach proklamierter Vorzeigespießer mit einer solchen Ausnahmesituation überhaupt klarkommt. Er ist ja nicht gerade dafür bekannt, Neues zu entdecken oder sein Leben abwechslungsreich zu gestalten.

Was macht er nun, wenn er auf einmal ein paar Millionen auf seinem Konto hat? Spenden kommt nicht infrage, schließlich hat er jahrelang gebuckelt und geschuftet, um endlich einmal Glück zu haben. Er kann sich ein Haus kaufen. Okay. Den Rest kann er anlegen, denn eigentlich gefällt ihm ja sein geregeltes Leben. In erster Linie die gewohnten Strukturen, die eingefahrenen Rituale, all seine Spießergewohnheiten halt, die in diesem Buch zur Genüge beschrieben wurden.

Vielleicht macht er noch eine Kreuzfahrt mit Kapitänsball. Das wird es dann aber auch gewesen sein. Mehr ist nicht drin. Er hat überhaupt nicht die Fähigkeit, irgendwo anders einen komplett neuen Anfang zu wagen. Und er hat auch nicht den Antrieb. Ich behaupte sogar: Er denkt noch nicht einmal in diese Richtung.

Folglich wird sein Leben auch nicht spannender, sondern höchstens finanziell unbeschwerter. Für einen komplett neuen Anfang müsste er seine Lebenseinstellung ändern, aber dafür fehlt es ihm eigentlich an allem.

Er wird bedacht mit seinem neuen Reichtum umgehen, und wird sich den einen oder anderen Luxus gönnen. Ein Gartenhaus vielleicht, ein neues Auto, ein neues Badezimmer, vielleicht eine moderne Küche oder einen Swimmingpool.

Dafür hat er aber keine finanziellen Sorgen mehr, vermutlich nie mehr. Andere Leute drehen komplett durch als Lottomillionäre, geben ihr Geld in wenigen Jahren unbedacht für echte Luxusgüter, Reisen, schnelle Autos und Partys aus. Der verstorbene englische Fußballstar Georg Best hat einmal gesagt: „Ich habe viel von meinem Geld für Autos, Frauen und Alkohol ausgegeben. Und den Rest habe ich einfach verprasst."

Diese Menschen sind natürlich nicht immer reich, vielleicht sind sie sehr bald noch ärmer als vorher. Aber dafür haben sie zumindest einmal gelebt, sind aus dem Alltag ausgebrochen, auch wenn das Happy End ausblieb.

7.6   Das Wetter

Manchmal habe ich das Gefühl, es gibt im deutschen Sprachgebrauch neben dem Fernsehprogramm nur ein Thema. Das Wetter. Eine Thematik, so sinnlos wie ein Kropf. Schließlich kann man es bekanntlich nicht beeinflussen. Von einigen verrückten Fußball-Organisatoren in der Wüste, die irgendwelche Wettermanipulationssonden oder -kanonen testen, einmal abgesehen.

Die Tatsache, dass man dem Wetter nahezu hilflos ausgeliefert ist, hindert Millionen von Bundesbürgern allerdings nicht daran, Tag ein, Tag aus über die klimatischen Bedingungen und Veränderungen zu schwadronieren. Oftmals liegt es allerdings auch daran, dass einem in bestimmten Situationen einfach nichts Sinnfreieres einfällt.

Sitzt oder steht man sich ungeplant gegenüber, erscheint einem lediglich das Wetterorakel angebracht und stilecht. „Ganz schön kühl für die Jahreszeit", könnte eine dieser Einwürfe lauten, die mit einem „das stimmt" treffsicher gekontert werden. Tolles Gespräch. Schwer vorstellbar, dass sich daraus eine ernstzunehmende Unterhaltung entwickeln könnte.

Diese Schmalspurdialoge gibt es zu jeder Jahreszeit, ist doch klar. Den Menschen kann man es nun einmal nicht recht machen, da macht das Wetter keine Ausnahme. Im Winter ist es zu kalt, im Sommer zu warm, im Herbst zu stürmisch und im Frühling auch wieder zu warm, oder zu kalt. Oder andersherum, völlig egal. Irgendetwas passt den Leuten doch immer nicht, egal ob der Schnee nun zu spät oder zu früh kommt, zu lange bleibt oder ganz ausbleibt. Den richtigen Zeitpunkt gibt es nie.

Dabei ist das Wetter doch so elementar wichtig für die gängigen Spießergewohnheiten. Ostern zum Beispiel möchte man allerspätestens die Reifen wechseln, den Rasen mähen und das Auto polieren. Gibt es zu dieser Jahreszeit etwa noch Bodenfrost ist die ganze Planung im Eimer. In den Sommerferien wünscht man sich sechs Wochen Sonnenschein, um im Garten zu arbeiten. Es darf aber auch nicht zu heiß sein.

Spätestens im Oktober werden dann die Reifen erneut gewechselt. Man weiß ja nie, wann der Kälteeinbruch kommt. Ist dies erst zwei Monate später der Fall, kann man sich natürlich wieder echauffieren und hat gleichzeitig ein Gesprächsthema. „Da habe ich schon vor zwei Monaten die Winterreifen aufgezogen, und jetzt ist es immer noch so mild", heißt es dann.

Mit einer solchen Aussage kann ein normaler Mensch natürlich nicht viel anfangen, denn dafür interessiert ihn diese Thematik viel zu wenig. Ihm ist es egal, denn das Wetter macht doch sowieso, was es will. Da sind die Menschen doch auch selber schuld dran, schließlich haben sie das Klima Jahrzehnte lang durch ihre Gase und Abgase malträtiert.

Oftmals dient das Wetterthema aber auch einfach nur dazu, um sich aufzuspielen oder wichtig zu machen. Wenn man zur Arbeit, in den Dorfverein oder zum Stammtisch geht und nicht gerade der spontane und gewiefte Smalltalker ist, muss man sich zumindest über das Wetter informiert haben. „Habt ihr schon gehört? Am Sonntag soll es schneien", könnte ein solcher Einwand lauten. Meistens weiß man noch nichts von derartigen Aussichten, aber das ist auch egal, und da gibt es auch noch ein Problem, oder besser gesagt zwei.

Punkt A: Man wollte das auch gar nicht wissen.

Punkt B: Und man wollte es schon gar nicht von dieser Person erfahren.

Es gibt doch wirklich nichts Schlimmeres, als Leute, die ständig über das Wetter reden. Es wäre ja in Ordnung, wenn sie das unter sich machen. Sollen sie sich doch in ihrem Schrebergartenverein von mir aus den ganzen Tag über das Wetter unterhalten, aber warum muss man ständig andere Leute damit behelligen?

Egal ob auf der Arbeit, beim Einkaufen an der Kasse, im Urlaub oder beim Sport. Immer diese Frage, wie das Wetter denn wohl werde. Ständig dieses Gemecker über das aktuelle Ortsklima, das einem den ganzen Tag, den kompletten Urlaub oder das ganze Leben versaut. Das ist nun wirklich typisch deutsch, und daran kann man auch im Ausland die deutschen Touristen erkennen. Unter anderem. An vielem anderen sogar, aber auf jeden Fall auch daran.

7.7 Schein und sein

Deutsche leben für ihre Prestigeobjekte, für den äußeren Schein. Das ist nun einmal so. Ein von außen schönes Haus mit einem gepflegten Garten ist wichtiger als das Innenleben. Ein frisch poliertes Auto vor der Tür hat in unseren Augen Klasse, egal ob man sich die Tankfüllung leisten kann oder ob der Wagen der Bank gehört. Hauptsache der schöne Schein ist gewahrt.

Das führt natürlich oftmals zu hausinternen Problemen und nicht selten auch zu Existenznöten. Das ist ja auch kein Wunder, wenn Familienpapa K. mit einem Jahreseinkommen von 20.000 € meint, er müsste ohne Eigenkapital das Nobelanwesen des Nachbarn kaufen, um damit anzugeben.

Dass dabei seine Familie zu kurz kommt, er seine Rechnungen bereits nach wenigen Monaten nicht mehr bezahlen kann, der Familienurlaub auf unbestimmte Zeit gestrichen wird, ist zunächst einmal nebensächlich. Es geht darum, Neid zu erzeugen und vor den übrigen Nachbarn gut dazustehen.

Gerne denke ich dabei an das Fernsehspiel „Der Hammermörder". Die „normale" deutsche Familie, Papa, Mama, zwei Kinder, kauft sich ein Haus, das sie sich eigentlich gar nicht leisten kann. Es vergeht kein Tag, an dem sich die Eheleute nicht über Finanzen streiten und auch kein Tag, an dem sich die Frau des neuen Hauses nicht in ihre alte, kleine, aber günstige Wohnung zurückwünscht.

Derartige Spinnereien kommen für ihn gar nicht erst in Frage. Hausverkauf? Ohne mich. Das wäre ja ein Armutszeugnis und käme der totalen Kapitulation gleich. Dann streitet man sich lieber drinnen und präsentiert sich nach außen als glückliche, großartige und sorgenfreie Familie.

Natürlich überspitzt der Film in seinem weiteren Verlauf das Ganze ein wenig, aber die Intention ist klar. Papa muss sich auf Betriebsfesten erniedrigen, um ein paar Groschen zu verdienen und letztendlich überfällt er Banken, mit einem Hammer. Der Hammermörder halt. Am Ende plant er gar den kollektiven Suizid seiner Familie, um nicht als Loser zu gelten.

Es mag übertrieben dargestellt sein, aber diese Diskrepanz zwischen Schein und Sein ist in unserem Land derart ausgeprägt wie nirgendwo anders. Man verzichtet auf alles, um nach außen etwas zu präsentieren, was man gar nicht ist. Wohnt man in einer kleinen Wohnung und hat einen uralten Wagen vor der Tür stehen, ist man ein Nichts. Dafür ist man aber vielleicht glücklich, aber das zählt nicht, hat keine positive Außenwirkung.

Durch dieses Prestigedenken machen wir uns selbst das Leben schwer. Wir zerfleischen uns lieber gegenseitig, anstatt etwas zu ändern oder die Realität an die eigenen Gegebenheiten und finanziellen Möglichkeiten anzupassen. Dieses Denken kann natürlich zum Teufelskreis werden.

Wie oft hat es das schon gegeben, diese schrecklichen Familientragödien, in deren Folge Eheleute und/oder Kinder sterben, weil sich hinter den Mauern ihrer Festung alltägliche Dramen der schlimmsten Art abgespielt haben. Alles unter Ausschluss der Öffentlichkeit.

Befragt man in der Folge die Nachbarn, hört man immer derartige Floskeln wie: „Die waren eigentlich immer ganz nett" oder „Das hätte ich von denen nie gedacht."

Natürlich nicht, denn der Schein wurde immer akkurat bewahrt, auch wenn das Sein immer mehr zur Tortur wurde. Nicht jeder ist in der Lage, auf sein Hab und Gut zu verzichten. Nicht jeder ist bereit, einen Schlussstrich unter dieses Leben zu ziehen und in bescheidenen Verhältnissen noch einmal neu anzufangen.

Vielleicht ein besseres und glücklicheres Leben zu führen, ohne Luxus und Vorzeigeobjekte. Dieser Blickwinkel eröffnet sich vielen unserer Landsleute nicht, bis es dann zu spät, man total am Ende ist oder sogar zu derart grausamen Mitteln greift.

Keine Frage: Auch diese Gier nach dem äußeren Schein ohne Rücksicht auf Verluste ist ein gesellschaftliches Problem, da diese, unsere Gesellschaft, Bescheidenheit und Armut nicht akzeptiert. Hast du nichts, bist du nichts. Manch einer kommt damit klar, der andere aber nicht.

8   Eine normale Spießer-Woche

Natürlich kennt man einige Gewohnheiten von spießigen Mitmenschen und hat sicherlich etliche Geschichten und Episoden dieses Buches schon am eigenen Leibe miterlebt. Da bin ich mir sicher.

Aber wie sieht so ein Tagesablauf eines typischen Spießers eigentlich aus? Auch für mich war das schwer zu rekonstruieren, aber es ist mir letztlich doch einigermaßen gelungen. Eine Woche voller Disziplin, Pflichtbewusstsein und etlicher Rituale.

Eine Woche, in der fast nichts dem Zufall überlassen wird.

Eine Woche, in der alles geplant ist und alle ungeplanten Ereignisse prompt für Verwirrungen sorgen.

Natürlich ist es schwer nachzuvollziehen, wenn man selbst nicht derart akribisch sein Tun plant. Auf der anderen Seite kann man auf diese Weise, vielleicht diejenigen Leute verstehen, die eben keinen Wert auf Flexibilität, Spontaneität und Überraschungen legen.

8.1 Montag

Der Wochenbeginn birgt einige Gefahren für unsere Testpersonen, die nicht gerade für ihre flexiblen und spontanen Handlungen bekannt sind. Am Wochenende kann sich ja schließlich einiges verändert haben. Es könnten neue Baustellen auf dem Weg zur Arbeit erschlossen worden sein, Kanaldeckel mutwillig zerstört, Bäume umgekippt oder Ampeln ausgefallen sein. Vielleicht ist auch was am Auto?

Kurzerhand steht man mindestens eine halbe Stunde früher auf, um auf alle mutmaßlichen Gefahren noch zeitnah reagieren zu können und ja nicht zu spät zur Arbeit zu kommen. Außerdem muss man auf dem Weg ins Büro unbedingt noch tanken, denn gegen Mittag könnte der Sprit schon wieder drei Cent mehr kosten. Nicht auszudenken, wenn man erst nach der Preissteigerung dort vorfährt. In diesem Fall ist es auch völlig egal, ob der Tank noch fast voll ist. Schließlich geht's ums Prinzip und um den Mitnahmeeffekt.

Das alles hat zur Folge, dass man noch früher auf der Arbeit ist als sonst. Das hat allerdings auch einen Vorteil, denn am Arbeitsplatz lauern mindestens genauso viele Gefahren wie auf dem Weg dorthin, gerade am Montag.

Schließlich bekommen die Büroräume am Wochenende regelmäßig Besuch. Besuch ist noch zu nett formuliert, sie werden aufgesucht von der größten Feindin des Spießers. Der Putzfrau!

Denn diese Dame stellt den Ablauf und das Arbeitsumfeld des Angestellten auf eine harte Probe. Putzen ist ja okay, aber was dabei alles passieren kann und bereits passiert ist. Ein gebranntes Kind scheut schließlich das Feuer. Beim Abwischen der Arbeitsfläche sind in der Vergangenheit bereits Stifthalter umgekippt, andere Büroartikel wurden versetzt oder Aktenordner in ein Regal gestellt, wo sie gar nicht hingehören. Schlimm. Da sind natürlich Präventivmaßnahmen angebracht. Freitags wird das komplette Schreibtischsortiment im Rollcontainer eingeschlossen, wichtige Dokumente werden mit nach Hause genommen und alle Schränke verschlossen. Hat man das einmal vergessen, ist das Wochenende gelaufen und man plagt sich mit Schuldgefühlen herum.

Auf diese Weise kann also nicht viel passieren, und der Morgen verläuft einigermaßen plangemäß. In der Mittagspause wird es dann wieder hektischer. Man muss noch dringend etwas einkaufen. Ein Sonderangebot, das vermutlich am Nachmittag bereits ausverkauft ist. Das Spießrutenlaufen beginnt, denn um keinen Preis möchte man zu spät aus der Mittagspause zurückkehren.

Puh! Noch mal gut gegangen. Schließlich zu Hause angekommen, ruht man sich erst einmal aus und erzählt zu Hause, welcher Arbeitskollege sich heute wieder danebenbenommen hat und welche Betriebsvorschriften missachtet wurden. Ansonsten steht heute nicht mehr viel an. Der Sendeplatz um 20:15 Uhr ist natürlich fest gebucht, denn dann läuft Günther Jauchs Millionärsquiz für Jedermann, das ihn selbst als Ersten zum Multimillionär gemacht hat.

Das war es dann auch schon fast. Die Woche ist noch lang, birgt neue Gefahren, und schließlich wird Morgen auch ein nicht minder anstrengender Tag.

8.2 Dienstag

Mal wieder ist unser Freund als erster bei der Arbeit, und das ist auch einmal gut, schließlich ist heute ein ganz besonderer Tag. Der Chef hat Geburtstag, und da möchte man natürlich der erste firmeninterne Gratulant sein. Das ist aber nicht so einfach, schließlich will man ihn ja auch nicht nerven. Ein Überfall bei Betreten des Firmentores fällt somit aus. Was ist aber zu tun? Schließlich muss man ja genaue Informationen über die Anreise- und Ankunftsmodalitäten des Geburtstagskindes haben.

Natürlich ist auch das längst geregelt, schließlich wird in seinem Leben nichts dem Zufall überlassen. Die Chefsekretärin ist längst eingeweiht. Mit Pralinen und Blumen bestochen hat sie versichert, im exakt richtigen Moment Bescheid zu geben und unseren Testkandidaten zu seinem Meister zu geleiten. Jetzt bleibt nur das bange Warten, gepaart mit der Hoffnung, dass alles nach Plan läuft.

Bis dahin kriegt er natürlich nichts getan, sortiert eifrig seine Büroklammern neu, zupft das Geschenkpapier des Präsentes noch mehrmals zurecht, um schließlich handgestoppte 30 Sekunden zum Chef zu dürfen, seine Glückwünsche und das Geschenk zu überreichen. Was bleibt, ist eine Einladung zum Sektfrühstück am nächsten Morgen in seinem Vorzimmer.

Vor lauter Geburtstagshektik hätte man um ein Haar vergessen, dass die Fensterputzer heute im Haus sind. Diese Spezies ist ähnlich penetrant wie die Putzfrau, manchmal sogar noch schlimmer. Völlig ohne Fingerspitzengefühl üben sie ihren Job aus, ohne auf die kostbaren Habseligkeiten der Angestellten zu achten. Gerade noch rechtzeitig kann er seine Pflanzen und seine Stehrahmen von der Fensterbank und dem benachbarten Beistellschrank entfernen, ehe die Heiligtümer diesen herzlosen Vandalen schutzlos ausgeliefert sind.

Der Supergau am Arbeitsplatz abgewendet, weitere Pluspunkte beim Chef gesammelt. Da kann man doch zufrieden nach Hause fahren, zumal an diesem Tag noch weitere gesellschaftliche Highlights warten. Um 19 Uhr ist endlich mal wieder Vorstandssitzung vom Verein der Schrebergärten Kleinkornwestheim rechtsrheinisch Nordost e. V. Ein toller Club, in dem unsere Testperson stolzer 2. Kassierer ist. Ein Platz im erweiterten Vorstand. Was will man mehr?

Heute stehen allerdings Richtung weisende Entscheidungen an, bei denen die geballte Kompetenz aller Beteiligten gefragt ist. Vielleicht kommt man sogar zu Wort, schließlich ist 2. Kassierer ja ein wichtiger Job. Fällt der 1. Kassierer mal aus oder stirbt, rückt man automatisch auf und ist der Herr der Finanzen. Schon toll.

Auf jeden Fall gab es in der letzten Zeit einige Unstimmigkeit bei der erlauchten Schar der Schrebergärtner. Man könnte es auch Irritationen nennen. Es gab Abgrenzungen, herüberragende Bäume und Sträucher und Lärmbelästigungen. Eigentlich gab es die bereits vor zwei Jahren, aber gut Ding will ja bekanntlich Weile haben. Heute Abend soll nun der bahnbrechende Entwurf in Auftrag gegeben werden, alle Abgrenzungen noch einmal genau nachzumessen und einer einheitlichen Prüfung beziehungsweise einer Abstimmung mit den Richtwerten der Satzung abzugleichen. Da darf man natürlich nicht fehlen, denn jede Stimme kann entscheidend sein.

8.3 Mittwoch

Es ist spät geworden am gestrigen Abend. Etliche Redebeiträge, sinnlose Diskussionen und, und, und. Trotz aller Müdigkeit werden die Rituale natürlich eingehalten und rechtzeitig der Weg zur Arbeit angetreten. Schließlich gibt es heute einiges zu tun. Es ist Monatsabschluss. Das hat wiederum zur Folge, dass eine allgemeine Hektik aufkommen wird und der ansonsten so akkurate und geordnete Arbeitsalltag einmal mehr in Gefahr gerät.

Ständig werden neue Belege und Informationen an ihn herangetragen, die er verarbeiten muss, ohne dabei die Ordnung seiner Schritte und seiner Arbeitsstätte außer Acht zu lassen. Ein regelrechtes Spießrutenlaufen. Zum Glück bleiben größere Probleme aus, so dass er seine Unterlagen rechtzeitig komplettieren kann und sogar noch Zeit zum Aufräumen hat.

Feierabend. Ein Glück, denn auch heute steht noch einiges auf dem Tagesplan. Zunächst einmal müsste die ersehnte Münzlieferung endlich angekommen sein. In bester Spießermanier hat er unmittelbar nach dem erfolgreichen Bestellvorgang viermal beim Versandhaus angerufen und drei Mails geschickt, um schließlich in Erfahrung zu bringen, dass die Bestellung heute endlich ausgeliefert werden müsste.

Natürlich sind die Damen an den Telefonen der Versandhäuser Kummer gewohnt, aber wenn alle Besteller über Horizont und Geisteszustand unsere Testpersonen verfügen würden, dann wären der Personalfluktuation in diesem Bereich sicherlich gar keine Grenzen mehr gesetzt.

Auf jeden Fall eilt er sofort nach Hause und holt bei seinem Nachbarn das Paket mit den Münzen ab. Natürlich hat er sich bereits im Vorfeld abgesichert. Ist man nicht vor Ort, wenn der Postbote kommt, muss man aufpassen. Dann werden Abholkarten geschrieben, mit denen man dann die Ware beim nächsten Postamt in Empfang nehmen kann. So weit, so gut. Aber wer sagt denn, dass die Ware dann auch wirklich am gleichen Nachmittag oder Abend im Postamt vorliegt? Niemand. Das hat man doch alles schon erlebt.

Also hat man mehrere Zettel an Haustür, Klingel und Briefkasten platziert, auf denen unübersehbar zu lesen ist, dass der verehrte Postbote die heiße Ware doch bitte bei Herrn Schulze links nebenan abgeben möge. Dieser ist der Übergabe an seinen übereifrigen Nachbarn allerdings auch schon leicht genervt, denn er wurde nicht weniger als fünfmal auf seine Rechte und Pflichten in Bezug auf die Übernahme des Pakets hingewiesen.

Jetzt aber schnell nach Hause und das Paket aufmachen. Es handelt sich lediglich um eine Hand voll neuer Münzen und einiger älterer Exemplar, aber er benimmt sich, wie ein kleines Kind an seinem ersten Weihnachtsfest. Eine Stunde später ist der Spuk bereits vorbei und die Freude reduziert sich. Die Münzen sind poliert und sicher verstaut, aber was macht man jetzt?

Zum Fernsehen gucken ist es noch zu früh. Tagesschau und der anschließende Krimi kommen erst in gut einer Stunde, und die abendlichen Butterbrote sind ebenfalls schnell gemacht. Kurzerhand begibt er sich ins Schlafzimmer und legt schon einmal die Kleidung raus für den Rest der Woche. Einmal in Fahrt werden auch noch Ersatzhemden gebügelt und die neuen noch original verpackten Handtücher aus der Verpackung entfernt und zunächst einmal gewaschen. Irgendwo hat man ja schließlich mal gehört, dass man so vorgehen solle, um Erkrankungen oder Allergien bedingt durch die chemische Herstellung der Waren vorzubeugen.

Zufrieden schläft er knapp zwei Stunden später auf der Couch während des nicht wirklich spannenden Krimis ein, schließlich hat er ja heute wieder einiges geschafft.

8.4   Donnerstag

Das Wochenende rückt näher. Am Morgen bekommt er kurz nach dem offiziellen Arbeitsbeginn, der immer noch knapp eine Stunde nach seiner Anreise terminiert ist, einen Anruf aus dem Chefsekretariat. Da sein Herr und Meister mal wieder überhaupt keine Zeit hat, bittet ihn seine Vorzimmerdame einen kurzen Bericht über seine Abteilung für die nächste Vorstandssitzung zu schreiben.

Völlig aufgelöst und überwältigt zugleich fällt ihm fast der Hörer aus der Hand, und in der Folgezeit sollen sich die Ereignisse überschlagen. „Was für eine Ehre", denkt er sich, um unverzüglich nachzulegen: „Was soll ich da bloß schreiben?" Kurzerhand lässt er das komplette Tagesgeschäft links liegen und besorgt sich zunächst einmal im Archiv die Protokolle der Vorstandssitzungen der letzten Jahre. Leider findet er dort keine Expertise über seine Abteilung, die als Grundlage dienen könne.

Nun sind also seine eigenen Formulierungskünste gefragt, und da liegt das Problem, denn neben der Flexibilität ist ihm auch die Kreativität nicht gerade in die Wiege gelegt worden. Die Kollegen, die er um Rat und Hilfe bittet, wiegeln ebenfalls unverzüglich ab. Er ist also auf sich alleine gestellt. Elf bis zwölf Mal beginnt er seinen Text, um ihn anschließend wieder zu verwerfen. Nun ist professionelle Hilfe gefragt, und er nimmt sich fest vor, nach Feierabend einen Bekannten aus dem journalistischen Genre um Hilfe zu bitten. Es geht schließlich um einen Auftrag des Chefs, und bei planmäßiger Erfüllung winken weitere Pluspunkte. Dafür kann man ruhig einmal etwas investieren.

Unmittelbar nach Feierabend wird das Vorhaben in die Tat umgesetzt. Bei dem Bekannten handelt es sich um einen Kollegen aus dem Schützenverein, der ihm auch prompt seine Hilfe zusagt. Er wundert sich allerdings, dass er mit seinem Anliegen nicht bis zum Abend warten konnte, schließlich ist heute wieder Training. Da hat er natürlich in seiner Eile und Chefliebe gar nicht drüber nachgedacht.

Drei Stunden später trifft man sich also im Schützenheim wieder, und nach einem kurzen Plausch versucht man einmal mehr, an den Schießständen die kleinen Plättchen oder Zielkärtchen fachgerecht und zentral zu durchlöchern.

Seit mehr als 20 Jahren ist unsere Testperson nun im Schützenverein. Er hat auch eine tolle Uniform mit ganz vielen bunten Orden, aber wirklich erfolgreich war er eigentlich noch nie. Gegen die Anhänger kann man sich im Rahmen einer langjährigen Mitgliedschaft kaum erwehren, sofern man die Beiträge rechtzeitig entrichtet, aber wirklich erfolgreich ist er nun einmal nicht.

Dabei hat er immer davon geträumt, einmal Schützenkönig zu werden. Dafür fehlt ihm aber leider das Geld, und für einen Titel bei den Vereinsmeisterschaften fehlen ihm leider Klasse und Talent. Das ist schon bitter, aber eigentlich auch nicht. Es wäre bitter, wenn man sich Gedanken darüber machen würde. Das macht er aber nicht. Er ist froh, dass er dabei sein darf und dass ein weiterer Abend vermeintlich sinnvoll ausgefüllt ist.

Hinzu kommt, dass er - wie jeder Durchschnittsdepp mit mittelmäßigen Ambitionen im Leben – nach dem Motto lebt: „Egal, was du auch machst und tust. Es gibt immer Jemanden, der es besser kann." Auf diese Weise gestaltet sich das Leben leichter, Rückschläge sind leichter zu verkraften oder werden erst gar nicht als solche wahrgenommen.

Abends kauft er noch kurz vor Geschäftsschluss einige Kleinigkeiten ein, die er im Eifer des heutigen Gefechts vergessen hat, und fährt anschließend zufrieden heim.

8.5 Freitag

Am letzten Arbeitstag der Woche tut sich nicht mehr viel im Büro. Da kann er die Zeit sinnvoll nutzen, um sich noch einmal bei seinem Chef einzuschleimen. Kurzerhand ruft er bei seiner Sekretärin an, und informiert sie ausgiebig über den Stand seiner Ermittlungen in Sachen Berichterstattung für die Vorstandssitzung.

Leicht genervt erinnert ihn die Dame daran, dass die Fertigstellung noch mindestens zwei Wochen Zeit habe und gerade einmal gefühlte fünf Minuten der Sitzung in Anspruch nehmen werde. Derartige Abwertungen seiner Bemühungen kann er natürlich gar nicht nachvollziehen.

Pflichtbewusst wie er nun einmal ist, setzt er seine Arbeit aber unbeeindruckt fort und nutzt die letzte Stunde einmal mehr, um seinen Arbeitsplatz wieder in seinen Urzustand zu versetzen und die wichtigsten Unterlagen und Utensilien vor den unberechenbaren Klauen der Putzfrau in Sicherheit zu bringen.

Auf dem Heimweg kauft er noch eben ein, um anschließend seine Wohnung für das Wochenende auf Vordermann zu bringen. Am Wochenende muss immer alles sauber sein. Das gehört zu seinen Prinzipien, und diese gilt es zu verteidigen. Nach zwei Stunden Putzarbeiten ist alles erledigt, blitzt und glänzt. Nun kann das Wochenende beginnen, und auch der heutige Tagesablauf ist nicht aus den Fugen geraten.

Gerade noch rechtzeitig, um das Abendprogramm nicht durcheinander zu bringen. Jetzt hat er noch genug Zeit, um sich frisch zu machen für das Ausgehen. Um 20 Uhr wurde ins

Gemeindehaus zu einer überaus spannenden Veranstaltung geladen. Zum Thema „Gott in der heutigen Zeit" sprechen mehrere gläubige Referenten und sogar ein überaus erfolgreicher Schriftsteller. Das darf man sich natürlich unter keinen Umständen entgehen lassen.

Zwei Stunden dauert die Veranstaltung, und inspiriert von vermeintlich neuen Erkenntnissen kehrt er vergnügt heim. Zum Glück ist ja heute Freitag, und kurzerhand kauft er sich noch an der Tankstelle eine Flasche Bier, eine Tüte Chips, um sich anschließend zu Hause einen spannenden Spionagefilm anzusehen, den er sich bereits zu Beginn der Woche in der Zeitschrift vorgemerkt hat. So spontan war er schon lange nicht mehr.

8.6   Samstag

Samstag ist für unsere Testperson ein ultimativer Feiertag. Da gibt es so viel zu erledigen. Oft weiß man gar nicht, wie man das alles bewerkstelligen soll. Es sind allerdings immer dieselben Sachen, die er tut. Es sind Rituale, die sich eingefahren haben, ohne die es in seinem Leben nicht mehr geht.

Morgens kauft er sich zunächst einmal eine Zeitung. Die Woche über war keine Zeit für eine Morgenlektüre, also holt er sich die Informationsinvasion nun am ersten Tag des Wochenendes. Er fühlt sich nun über alles informiert und somit auch als vollwertiges und mündiges Mitglied der Gesellschaft. Parallel zum Zeitungskauf gibt er noch seinen Lottoschein ab und freut sich, dass der Jackpot mal wieder über der Zehn-Millionen-Grenze liegt.

Jeder Spießer träumt von einem Lottogewinn, ohne wirklich zu wissen, was er damit soll. Ein Millionengewinn könnte bedeuten, dass einige seiner geliebten Gewohnheiten auf einmal überholt wären. Letztendlich wäre es vielleicht gar kein Segen, aber so weit denkt ein Mensch wie er nicht. Wie dem auch sei, die Wahrscheinlichkeit eines Meteoriteneinschlags in sein Haus ist ohnehin größer.

Nach Frühstück und Zeitungslektüre stürzt er sich dann frohen Mutes in die Klauen des Supermarktes. Irgendwann hat er sich einmal angewöhnt, samstags den Wocheneinkauf zu erledigen. Er könnte es natürlich auch an einem anderen Tag machen, schließlich machen die großzügigen Öffnungszeiten dies ja möglich, aber dann müsste er ja Verhalten und Wochenablauf ändern, und das geht nicht. Außerdem ist Samstag viel mehr los, und das macht doch Spaß, ihm zumindest.

Anschließend gibt es zu Hause noch jede Menge zu tun. Entweder muss der Rasen gemäht werden, oder - je nach Jahreszeit - Laub gesaugt, die Straße gefegt, Schnee geräumt, Hecken beschnitten oder sonst was getan werden. Wichtig ist, dass diese Arbeiten zu Hause beziehungsweise im Garten oder vor dem Haus stattfinden, denn das macht man nun einmal samstags, meint er.

Anschließend beschäftigt er sich noch kurz mehr oder weniger sinnvoll in seiner Heimwerkstatt, ehe die Pflege seines Autos an der Reihe ist. Die Autowäsche vor der eigenen Haustür ist ja leider durch irgendeine Verordnung mal untersagt worden. Eine sehr spießerfeindliche Maßnahme, über die er sich oft geärgert, beklagt und in diesem Zusammenhang auch böse Briefe an diverse wichtige Personen geschrieben hat. Geändert hat es leider nichts, und er möchte sich ja auch kein Fehlverhalten nachsagen lassen. Also fährt er zunächst einmal in die Waschstraße. Das Ergebnis ist allerdings in den meisten Fällen ernüchternd. Er hat jetzt bereits alle Anbieter in der Umgebung abgeklappert, aber einen kleinen Fleck oder eine Unebenheit hat er bislang immer gefunden. Woran das wohl liegen mag?

Das Ganze ist allerdings auch nicht so schlimm, denn er verlässt sich ja ohnehin ungern auf andere Personen, wenn er um die Reinigung seines heiligen Pkws geht. Und das Polieren, Imprägnieren, Saugen, Wischen, Putzen und Versiegeln ist ja bekanntlich vor dem eigenen Zuhause noch nicht verboten. Schließlich möchte man ja auch allen Nachbarn zeigen, wie ordentlich und zeitintensiv man sich der Pflege einer eigentlich ordinären Blechkarosse widmen kann.

Das Ganze muss sich allerdings dennoch in einem vorgegebenen Zeitfenster bewegen, denn das Fernsehprogramm sitzt ihm gerade samstags im Nacken. Um 19 Uhr beginnen die Bundesligaberichte in der Sportschau, und die darf er nicht versäumen. Er interessiert sich zwar eigentlich gar nicht für Fußball, aber darum geht es auch nicht. Zunächst einmal ist diese Sendung ein wichtiges Allgemeingut und darüber hinaus benötigt er diese Basisinformationen, um am Montag vor dem Kollegen nicht dumm dazustehen.

Viel wichtiger ist natürlich die Samstagabend-Unterhaltung im Fernsehen. „Wetten, dass…?" ist natürlich das Highlight, aber auch auf die übrigen Samstagabendshows freut sich unsere Testperson bereits die ganze Woche, auch wenn sie noch so belanglos sind. Auch diese Sendungen dienen zur Auflockerung des Smalltalks im Büro. Danach geht's natürlich schnell ins Bett, denn auch am Sonntag gibt es einiges zu tun.

8.7   Sonntag

Dieser Sonntag steht ganz im Zeichen des Trödelmarkts. Eigentlich tun dies fast alle Sonntage, denn irgendwo ist ja immer ein solcher Termin, aber heute ist man nicht nur Besucher, sondern auch Händler. Das ist natürlich aufregend und man muss früh vor Ort sein, um sich einen guten Platz zu sichern.

Schweren Herzens hat er sich entschieden, seine alten Modelleisenbahnen und ein paar ältere Klamotten zu veräußern. Der restliche Kram, den er ins Auto packt, ist oftmals gar nicht von ihm. Vielmehr handelt es sich dabei um alten und vermeintlichen antiken Schrott, den er selbst auf irgendwelchen Märkten erstanden hat. Es handelt sich dabei um Sachen, die er nie gebraucht hat. Dinge, die er aus purer Langeweile und nach der Suche nach einem vermeintlichen Schnäppchen einfach mal so gekauft und kurze Zeit später eingelagert hat.

Diese wöchentlichen Trödelmärkte verkörpern tatsächlich einen völlig irrationalen und sinnlosen Kreislauf. Letztendlich bieten Leute ihren alten Plunder an, den sie nicht mehr gebrauchen können. Und tatsächlich handelt es sich dabei vielfach um Dinge, die sie früher mal selbst erworben haben. Es könnte also sein, dass eine alte Stehlampe aus den 50ern oder ein antikes Nachtschränkchen auf insgesamt sechs bis sieben Trödelmärkten von unterschiedlichen Verkäufern zu unterschiedlichen Zeiten angeboten werden.

Hinzu gesellen sich dann noch einige meist südländische Geschäftsleute, oftmals mit vermeintlicher Neuware, die Handys, Klamotten oder Spielzeug anbieten, alles das, was sie unter der Woche in ihren Boutiquen, Gemüseläden oder als

Waschstraße oder Spielcasino deklarierten Allroundbörsen nicht verhökern konnten.

Ein munteres Treiben beginnt, und tatsächlich verkauft unsere Testperson einige Teile der Modelleisenbahn für einen einigermaßen vertretbaren Preis. Erworben hat sie ein Händler, der diese bereits am Abend wieder ins Internet stellen wird oder eine Woche später selbst auf einer Modelleisenbahnbörse anpreisen wird. Wie dem auch sei. Den restlichen Plunder muss die Testperson größtenteils wieder einpacken, aber abzüglich der Standmiete ist noch eine durchaus beträchtliche Summe übriggeblieben. Es hat sich also gelohnt, sonntags um sechs Uhr aufzustehen und ausnahmsweise einmal nicht in die Kirche zu gehen.

Nachmittags guckt er noch kurz bei seinen Schützen vorbei, die heute einen Landeswettkampf veranstalten, für den er sich leider nicht qualifizieren konnte, und fährt anschließend in sein Lieblingscafé. Dort holt er sich heute einmal zur Feier des Tages zwei Stücke Torte, die er anschließend im Rahmen seiner Sonntagnachmittag-Zeremonie verspeist.

Damit ist der Tag auch schon fast gelaufen. Natürlich möchte er sich den Tatort noch angucken und erledigt alle wichtigen Dinge im Vorfeld. Zunächst einmal muss er sich seine Klamotten für den nächsten Tag noch rauslegen, schließlich weiß man ja nie, was an diesen verrückten Montagen alles noch passiert. Letztendlich macht er sich noch einen Plan für die kommende Kalenderwoche, denn spontan von Tag zu Tag zu planen kommt für ihn gar nicht infrage. Viel zu groß ist die Gefahr, dass man ein wichtiges Event oder einen Geburtstag vergessen könnte.

Darüber hinaus könnte sich in der kommenden Woche sein Leben grundlegend ändern, denn in seiner Firma stehen die Wahlen für den Betriebsrat an. Dabei steht er zum ersten Mal auf der Kandidatenliste, und natürlich hat er auch diese Aktion von ganz langer Hand geplant. Schließlich ist es gar nicht so einfach Kollegen zu finden, die einen nominieren, wenn man ansonsten nur dafür bekannt ist, Mitglieder der Belegschaft beim Chef madig zu machen oder sie kritisiert, wenn sie die heilige Arbeitsplatzordnung durcheinanderbringen.

Von der Wahl in den Betriebsrat erhofft er sich die Steigerung seiner Wertschätzung und ein besseres Standing auf der Chefetage. Wie bei fast allen Mitgliedern dieser Gremien geht es natürlich auch ihm in erster Linie um sich und nicht um die Interessen der Mitarbeiter. Das ist in seinem Fall allerdings auch egal, denn er hat überhaupt keine Chance gewählt zu werden, denn dafür ist er viel zu unbeliebt.

Von diesem Unglück weiß er selbst natürlich noch nichts, oder will es vielleicht eher nicht wahrhaben.

9   Der Anti-Spießer-Crashkurs

Sollten Sie sich in dem einen oder anderen Kapitel wiedererkannt haben, ist es (noch) nicht zu spät. Sie können sich ändern, Sie können noch dem Spießeralltag den Rücken kehren. Noch haben Sie die Chance, dem einsamen Spießertod zu entgehen. Noch.

Sie haben noch die Chance, wieder ein normales Leben zu führen. Diese Chance sollten Sie auf jeden Fall ergreifen, denn eins ist auch klar: Sie brauchen Hilfe.

Ich rate Ihnen also, dem Test, der nun folgt, mit dem nötigen Ernst zu begegnen und die Arbeitsaufträge zu befolgen.

Vielleicht schaffen Sie nicht alles, okay. Es ist auch sehr viel auf einmal. Aber wenn Sie nur die eine oder andere Aufgabe erfüllen können, werden Sie wieder freier atmen können.

Ich garantiere Ihnen: Es wird Ihnen besser gehen!

PS: Für jede erfüllte Aufgabe gibt es einen Punkt

9.1 Ich mähe heute nicht den Rasen

Der Tag wird kommen, so viel ist sicher. Die Sonne scheint, es ist nicht so heiß und es hat seit drei Tagen nicht mehr geregnet. Darüber hinaus ist der letzte Feinschnitt Ihres englischen Rasens schon länger als eine Woche her. Hinzu kommt, dass es Samstag ist und Sie gerade heute zwei Stunden für die Gartenarbeit eingeplant haben.

Das Feld ist also bestellt, und Sie haben bereits Stunden vorher den sinnlichen Benzinduft sowie die Grazie des frisch geschorenen Grüns vor Augen. Ein Gedicht.

Das Szenario gleicht einem perfekt inszenierten Drehbuch. Jeder Handschlag sitzt, die Vorbereitungen laufen planmäßig und um Punkt 15 Uhr nach der Mittagsruhe müssen Sie nur noch einmal an der Schnur ihres frisch gewarteten Rasenmähers ziehen und der Spaß beginnt.

Halt! Stopp! Genau das tun Sie heute nicht. Sie mähen nicht den Rasen, obwohl der Zeitpunkt ideal erscheint. Das ist Ihre erste Prüfung, und weiß Gott keine einfache. Sie werden den Rasenmäher nicht aus der Garage bewegen, sondern sich stattdessen anderweitig beschäftigen. Ich weiß, dass es hart ist, aber nur so können Sie ihr Leben ändern.

Sie werden vermutlich zitternd auf der Terrasse sitzen und nicht in der Lage sein, ihre Kaffeetasse ohne Verluste zum Mund zu bewegen. Sie werden Schuldgefühle bekommen, wenn Sie die filigranen Töne der benachbarten Rasenmäher hören. Nichtsdestotrotz müssen Sie sich zusammenreißen. Sie müssen tapfer sein. Gehen Sie besser wieder rein und sehen Sie fern.

Die Flimmerkiste wird Sie allerdings auch nur temporär von Ihrem Dilemma ablenken. Beim ersten Versuch werden Sie sich Horrorszenarien ausmalen. Sie werden sich vorstellen, was denn sei, wenn es ab morgen eine Woche lang regnet. In diesem Fall wird auch in den nächsten Tagen der Grünschnitt ausfallen. Wie gesagt, es wird nicht leicht, und Sie werden mit Sicherheit auch nicht gut schlafen.

Auf der anderen Seite werden Sie aber auch neue Dinge erleben. Wenn Sie lange genug durchhalten, werden Sie auf ihrem Rasen Dinge entdecken, die Sie bislang nur von Spaziergängen im Wald kannten. Sie werden Löwenzahn, Wiesenschaumkraut und Gänseblümchen wachsen sehen, und das vor ihrer Haustür. Unglaubliche Phänomene.

Kurzum: Ihr Leben wird sich grundlegend verändern.

9.2 Ich ignoriere die Geschäftseröffnung

Natürlich haben Sie auch an diesem Wochenende wieder eifrig die Angebotsblättchen studiert, und dabei sind Sie auf eine sehr interessante Sache gestoßen, die Sie sich unter normalen Umständen auf gar keinen Fall entgehen lassen dürfen. In Ihrer unmittelbaren Nähe eröffnet am Montag ein neues Möbelhaus mit nahezu bahnbrechenden Eröffnungsangeboten.

Da freut man sich natürlich zunächst einmal wie Bolle. Eigentlich braucht man ja gerade gar keine Möbel, aber darum geht es ja bekanntlich auch gar nicht. Zunächst einmal ist es das Event an sich. Eine Neueröffnung in der Nähe. Wen man da alles treffen kann, und dann kann man ja auch noch Geld sparen.

Was natürlich völliger Blödsinn ist, denn die tollen Vasen und das Besteckset zum einmaligen Mega-Sonderpreis würde man sich ja unter normalen Umständen gar nicht kaufen, oder zumindest nicht am Montag. Aber der Laden ist ja schließlich neu, irgendetwas muss man ja kaufen und außerdem ist es „streng limitiert", „nur in handelsüblichen Mengen abzugeben" und somit für Durchschnittsdeppen fast geschenkt.

Damit hätten wir gleich mehrere mehr oder weniger stichhaltige Argumente für einen Besuch der Eröffnung am Montag, aber Sie möchten ja ihre Gewohnheiten ändern und nicht hingehen. Natürlich fehlt es Ihnen dadurch beim nächsten Nachbarschaftstalk an Gesprächsstoff, denn Geschäftseröffnungen gehören nun einmal zu den Spießerhighlights.

Wie dem auch sei. Sie werden es überleben, auch wenn es zunächst schwer wird. Die Stunden bis zur Schließung des Geschäftes um 20 Uhr werden Ihnen vorkommen wie Tage. Sie werden vor lauter Verzweiflung und Entzugserscheinungen sinnlos durch die Gegend laufen oder fahren, sich mehrmals etwas zu essen machen, die Wohnung putzen, bügeln, die Gardinen waschen und die Haustiere total überfüttern.

Dennoch werden die Stunden irgendwann vergehen, und dann werden Sie stolz auf sich sein. Sie werden stolz sein, von sich sagen zu können, dass Sie nicht mehr jedes Spießerhighlight mitnehmen. Und natürlich werden Sie auch nichts verpasst haben. Ganz im Gegenteil.

Kilometerlange Rückstaus bis zum Geschäft, stundenlange Parkplatzsuche, die Jagd auf die letzten limitierten Eröffnungsschnäppchen, dichtes Gedränge durch die Gänge und High Noon an den Kassen.

All das ist an Ihnen vorübergegangen, und wenn Sie endlich einmal ihren Kopf für etwas anderes verwenden als zum Haare waschen und fönen. Dann wird Ihnen zum ersten Mal bewusst werden, dass Sie eigentlich gar nichts versäumt haben. Sie haben nichts Wichtiges verpasst, nein, es wurde Ihnen nur etwas suggeriert, das bloßer Schein war.

Sie werden zum ersten Mal die Scheinwelt des Einzelhandels erkennen, und es wird Ihnen besser gehen. Manchmal hilft das Denken eben doch, und manchmal muss man dafür auch sprichwörtlich durch die Hölle gehen, oder einfach nur auf die vermeintlich höllischen Schnäppchen verzichten

9.3 Ich komme zu spät zur Arbeit

Das wird definitiv ihre schwierigste Prüfung. Im Idealfall oder im Problemfall sind sie in zwanzig Jahren niemals auch nur eine Minute zu spät zur Arbeit gekommen. Ist dem tatsächlich so, ist diese Tatsache, verbunden mit dem imaginären Status, natürlich ihr ganzer Stolz. Wenn man schon ständig bei Beförderungen übergangen und nie gelobt wird, dann kann man sich zumindest an diesen stillen Triumph klammern.

Hinzu kommt, dass man diese personifizierte Sozialeigenschaft Pünktlichkeit natürlich auch vortrefflich als Druck- und Maßregelinstrument nutzen kann. Wird einem zum Beispiel ein neuer Auszubildender unterstellt, und kommt dieser auch nur einmal ein oder zwei Minuten zu spät, eröffnet unser Pünktlichkeitsfanatiker sein Tribunal

„Ich bin in zwanzig Jahren nicht einmal zu spät gekommen, und was machst Du", gekoppelt mit einem tief implantierten Generationskonflikt, der sich wie folgt akustisch äußern könnte: „Diese Jugend heutzutage. Das hätten wir früher nicht gewagt." Damit weiß dann auch der Stift, dass er entweder ganz schnell die Abteilung wechseln oder am besten den kompletten Berufswunsch noch einmal überdenken sollte. Er könnte sich auch noch schnell zum Bund einziehen lassen, denn da geht es ja ähnlich zu, aber leider gibt es ja keine Wehrpflicht mehr. Heute beginnt der Grundwehrdienst im Betrieb.

Wenn Sie diese Prüfung bestehen möchten, müssen Sie all ihre Prinzipien über Bord werfen. Sie werden eine jahrzehntelange Pünktlichkeitskarriere durchbrechen. Mit einem Schlag, und das auch noch vorsätzlich. Es wird kein Lapsus sein. Nein. Sie werden pünktlich aufstehen, um anschließend bewusst zu trödeln, um tatsächlich zum ersten Mal nicht pünktlich im Büro zu sein. Es wird die Hölle für Sie. Sie werden in diesen Minuten und bei der anschließenden Ankunft am Arbeitsplatz Höllenqualen durchleiden. Sie werden buchstäblich durchs Fegefeuer gehen, und wahrscheinlich werden Sie es gar nicht schaffen. Sie werden es nicht übers Herz bringen.

Sollte es Ihnen wider Erwarten doch gelingen, werden Sie über kurz oder lang eine positive Wandlung in Ihrem Leben feststellen. Sie werden nun nicht mehr der fanatische Typ sein, der morgens als erster bei der Arbeit sein muss. Ein Zwang, den Sie sich selbst implantiert haben, der Sie gegeißelt hat, wird von Ihnen fallen wie ein Klotz am Bein.

Sie können nun wieder auf Augenhöhe mit Personen reden, die einmal zu spät zu einem Termin kommen, ohne Ihnen zwangsläufig Vorwürfe machen zu müssen. Diese eine monumentale Tat kann sich auch positiv und erfreulich auf Ihr Privatleben auswirken. Fortan lassen Sie sich vielleicht nicht mehr den ganzen Abend verderben, wenn jemand etwas zu spät zu einer Verabredung erscheint.

Sie werden es locker sehen. Sie werden drüber lachen. Ihre Lebensqualität wird steigen. Wahrscheinlich werden Sie auch auf der Arbeit neue Freunde finden oder zumindest weniger gemieden werden. Kollegen mögen nun einmal keine Menschen, die perfektionistisch veranlagt sind und bei denen man befürchten muss, dass sie einen bei der ersten kleinen Verfehlung beim Chef anschwärzen.

Manchmal lohnt es sich halt, auch lang erarbeitete Gewohnheiten über Bord zu werfen. Jeder Mensch macht einmal einen Fehler, genau das macht ihn ja bekanntlich menschlich.

9.4 Ich stelle die Mülltonne erst morgens raus

Es wird nicht einfacher für Sie, aber es hat ja auch keiner behauptet, dass dieser Test ein Zuckerschlecken ist. Jahrelang gezüchtete Spießerallüren kann man nun einmal nicht so einfach über Bord werfen wie ein altes Kleidungs- oder Möbelstück.

Besonders schwer wird es natürlich, wenn man sich durch diese Tat - zumindest auf den ersten Blick - untreu wird und fehlbar. Man begeht eine Sache vorsätzlich, die einem eigentlich niemals passieren würde.

Natürlich kennt man auch die Termine aus dem Abfuhrkalender längst auswendig. Sollte man dies versäumt haben, gibt es meistens noch zwei bis drei ältere Herrschaften aus der Nachbarschaft, die einen ungefragt daran erinnern. Hinzu kommt, dass man die Mülltonnen der Nachbarhäuser beim Abendspaziergang ja auch bereits vor den Haustüren stehen sieht.

Trotz alledem, seine Tonnen am Abend nicht raus zu stellen, erscheint Ihnen auf den ersten Blick suspekt und unecht. Was sollen denn bloß die Nachbarn denken? Sie werden mich für einen vergesslichen Depp halten oder gar für einen Abfallterroristen, der sich nicht an die heiligen Vorschriften hält. Die größten Vorwürfe werden Sie sich aber selbst machen, beziehungsweise Sie werden Ihnen von Ihrem Inneren suggeriert.

Der kleine Müllmann in Ihrem Kopf wird Sie kaum schlafen lassen, sondern immer wieder mit seiner Schippe gegen Ihre Synapsen schlagen. Sie werden versuchen, sich irgendwie abzulenken, mit Musik, Fernsehen oder Lesen, aber es wird Ihnen nicht gelingen. Wahrscheinlich werden Sie, wenn Sie dann doch mal ein Auge zu machen, von Müllmännern träumen, die fröhlich ihre Tonnen entleeren, bis Sie schließlich zu ihrem Haus gelangen, keine Tonnen entdecken und sagen: „Ach der. Der versinkt doch lieber in seinem Unrat."

Sie werden schweißgebadet aufwachen und der Rest der Nacht wird ebenfalls von Vorhaltungen geprägt sein. Steigen Sie dann letztlich gegen sechs total übermüdet aus den Federn, wird es richtig hektisch. Schließlich war es ja nicht Inhalt der Prüfung, die Mülltonnen unter keinen Umständen abholen zu lassen, sondern es einfach einmal drauf ankommen zu lassen.

Die Mülltonnen werden ab fünf Uhr geleert. So steht es in dem Kalender. Meistens kommen die Jungs später, aber man weiß ja nie. Noch ist nichts zu hören, und um den Nervenkitzel noch ein wenig zu erhöhen, zwingen Sie sich noch kurzerhand unter die Dusche.

Anschließend stellen Sie ihre Tonne raus, oder, wenn die Müllabfuhr in der Zwischenzeit schon da war, können Sie sich diesen Gang sparen. So oder so. Sie haben die Prüfung bestanden, und im Müll ersticken dürften sie dennoch nicht, schließlich trennen Sie ihren Müll vorschriftsmäßig und füllen somit die Tonne mit dem Restmüll ohnehin meistens nur bis zur Hälfte.

Sie haben aber ein Zeichen gesetzt, und nur das zählt. Vielleicht werden Sie es jetzt immer so machen, oder - um Nerven zu sparen - zumindest nicht immer schon am frühen Abend zu einer bestimmten Zeit die Tonnen rausstellen.

Vielleicht kann man es ja auch am späten Abend machen. Es werden sich also auch durch diesen Schritt völlig neue Perspektiven für Sie eröffnen.

Vielleicht werden Sie sich auch in Zukunft nicht direkt nach Zustellung auf den Abfuhrkalender stürzen, sondern einfach einmal fünf gerade sein lassen. Schließlich kann man an der näheren Umgebung ja unschwer erkennen, welche Mülltonne wann an der Reihe ist.

9.5 Ich helfe einem bedürftigen Menschen

Der Deutsche an sich ist nicht gerade zur Wohltätigkeit geboren. Natürlich spendet man für dies und das, um sein Gewissen zu beruhigen oder wahrscheinlich auch aus Angst vor den lästigen Fragen vor dem jüngsten Gericht. Grundsätzlich möchte man das Leid der Welt oder die Armut im eigenen Land aber nicht unbedingt in seiner unmittelbaren Nähe angesiedelt haben oder ihr, der Armut, über den Weg laufen.

Da spendet man doch lieber vom Fernsehsessel aus bequem per Handy fünf Euro für eine dieser gewissenlos peinlichen, zutiefst obszönen und lächerlichen Charity-Shows in einem dieser Privatsender, die die jüngste Flutkatastrophe in einem Entwicklungsland tatsächlich für ihr Renommee und die Steigerung des Marktwertes ihres verabscheuungswürdigen Ekelsenders nutzen. Wie auch immer. Man hat seine vermeintlich gute Tat vollbracht und fühlt sich ganz toll.

Für diese fünf Euro hätte sich eine arme Frau in der benachbarten Fußgängerzone bereits ein ganzes Essen für ihre Familie kaufen können oder eine arme alte Frau an der Ecke etwas Obst und Gemüse. Das sind aber eben nicht die Leute, denen man gerne begegnet. Sie sind einem einfach zu penetrant. Sie stellen ihre, vielleicht sogar vermeintliche oder gespielte Armut zur Schau und betteln einen teilweise offensiv an. Manchmal schicken sie einem sogar noch ein ironisches „Danke schön" hinterher, wenn man sie mal wieder erfolgreich ignoriert hat.

„Schlimm ist das. Warum lassen die mich nicht in Ruhe, und warum tut da keiner etwas gegen", denken Sie sich im Stillen. Und dann kommen wieder die ganzen Vorurteile hoch, die

Ihnen von Seiten ihrer Nachbarn, primitiver Informationsquellen und manchmal auch von noch viel primitiveren Politikern erfolgreich implantiert wurden.

„Warum gehen die denn nicht arbeiten?"

„Ich schufte doch nicht den ganzen Tag für diese faulen Schweine."

„Die haben doch bestimmt schon ihre ganze Stütze versoffen."

All dieses ganze hirnlose Stammtischgeschwätz hat Sie geprägt, es hat Sie sozial- und hilfsresistent werden lassen, wenn Sie das nicht sogar schon immer waren. Natürlich gibt es auch Bettler, denen es vielleicht gar nicht so schlecht geht, wie es vielleicht auf den ersten Blick scheint.

Aber das kann man ja testen, wenn man den Mut dazu hat. Gehen Sie doch einfach einmal zu einem dieser armen Leute, die meist in gebückter Haltung auf der Straße sitzen und ein schlecht lesbares Pappschild mit der Aufschrift „Ich habe Hunger" in den abgesenkten Händen halten. Gehen Sie zu ihnen hin und bringen ihnen etwas zu Essen oder kaufen Sie neben ihren Sachen im Supermarkt auch etwas für diese Menschen ein.

Werden Sie anschließend schief angesehen, weil der Fußgängerzonen-Protagonist lieber Bargeld für Alkohol oder Tabak bekommen hätte, dann haben Sie es zumindest versucht und ihm darüber hinaus kein Geld für Rauschmittel oder sonst etwas zukommen lassen. Im Normalfall wird man es Ihnen aber herzlich danken.

Ist Ihnen diese Übung zu schwer, dann werfen Sie einfach die fünf Euro, die Sie zuletzt per SMS an RTL geschickt haben, in irgendeinen hnen bedürftig erscheinenden Bettlerkelch. Das ist manchmal sinnvoller, als das Geld an irgendwelche dubiosen Hilfsorganisationen zu vergeben, die zunächst einmal ihre eigenen Kosten decken wollen.

Vielleicht gehen Sie aber auch einfach mal in ein Altersheim und besuchen eine ehemalige Nachbarin oder einen anderen armen alten und einsamen Menschen. Beschäftigen Sie sich mit ihm, unterhalten Sie sich oder gehen mit ihm ein Stück spazieren oder Kaffee trinken.

Sie werden eine Freude und eine Dankbarkeit erblicken, die unbeschreiblich ist und die man mit Geld nicht kaufen kann.

Armut, Leid und Einsamkeit sind oft gar nicht weit entfernt.

Man muss sie nur erkennen.

9.6 Ich wasche mein Auto heute nicht

Sie haben es sich angewöhnt, jeden Samstag ihren Wagen zu waschen. Bei schönem Wetter draußen auf dem Hof, bei schlechteren äußeren Bedingungen in der Waschstraße oder in der Garage.

Gerade heute sind die Klimabedingungen nahezu ideal. Die Sonne scheint, aber es ist nicht zu heiß. Die Vorzeichen sind also klar, und der Autoreinigungskasten mit allen Extras steht bereit. Hinzu kommt, dass Sie schon wieder einige Schmutzpartikel am Lack ausgemacht haben, und man weiß ja schließlich nie, wer sich den Wagen in den nächsten Tagen noch anguckt und wie sich das Wetter entwickelt.

Es ist also nicht einfach, Ihre Pläne über den Haufen zu werfen, zumal Sie ein sehr prinzipientreuer Mensch sind, dem etwas an seinen Ritualen liegt. Sie werden somit auch gar nicht wissen, was Sie mit ihrer plötzlich erworbenen freien Zeit anfangen sollen. Hinzu kommt das schlechte Gewissen, das Sie plagt. Sie lassen eine Riesenchance der Autoreinigung verstreichen und was sollen bloß die Nachbarn denken? Die denken doch bestimmt, bei und mit Ihnen stimmt etwas nicht. Darüber hinaus entgeht Ihnen der total wichtige Autopflege-Smalltalk mit Ihren Gleichgesinnten.

Die zwei Stunden bis zur Sportschau kommen Ihnen vor wie sechs, und aus lauter Verzweiflung gehen Sie wahrscheinlich noch ein zweites Mal an diesem Tag einkaufen und besorgen sich noch mehr Reinigungsmittel. Sie haben zwar schon alles da, aber so vergeht zumindest die Zeit.

Sollten Sie eine derartige schwierige Aufgabe mehrmals absolvieren, bieten sich allerdings auch weitere Chancen.

Sie könnten sich aus purer Verzweiflung eine andere Beschäftigung suchen. Sie könnten eine Tätigkeit erspähen, die unter Umständen wichtiger und sinnvoller ist. Neue Horizonte könnten sich Ihnen eröffnen, wenn Sie einfach nur mal ihre Gewohnheiten ändern und Ihr Leben nicht immer nach dem Schema F ablaufen lassen.

Nutzen Sie diese Chance!

9.7 Ich parke im Halteverbot

Grundsätzlich möchte man als Durchschnittsbürger kein Gesetz übertreten und natürlich auch jede Vorschrift beachten, auch wenn sie noch so sinnfrei ist. Man möchte halt nur das machen, was erlaubt ist. Dazu gehört es natürlich auch, nur an vorgeschriebenen Plätzen und Orten zu parken.

Hinzu kommt der finanzielle Effekt, denn jede parktechnische Ordnungswidrigkeit kostet Geld, und verschwenderisch war man ohnehin noch nie.

Die nächste Übung wird somit eine weitere Herkulesaufgabe für Sie, vor allem dann, wenn Ihre Parkweste noch blütenweiß ist und Sie bislang noch nie einen Strafzettel erhalten haben.

Sie fahren also in die nächste Großstadt, um sich - sagen wir mal - eine neue Hose zu kaufen. Nein, Sie fahren diesmal nicht mit dem Zug, weil Sie den Innenstadtstress vermeiden wollen. Und Sie fahren dieses eine Mal auch nicht in eines der Parkhäuser in der Stadt.

Dieses Mal tasten Sie sich möglich nahe an die Haupteinkaufsstraße, wo Sie ihre Hose kaufen werden. Sie werden mit ihrem Wagen Orte und Straßen befahren, an die Sie sich unter normalen Umständen niemals mit dem Auto auch nur herangewagt hätten.

Ihnen wird der Schweiß auf der Stirn stehen, wenn Sie vor einem Zebrastreifen stehen, an den sich in Sekunden hunderte von Menschen heranbewegen. Diese wollen natürlich alle die Straße überqueren und hinter Ihnen warten bereits einige ungeduldige Autofahrer, die Sie förmlich nötigen, zwischen den

Menschen einen kleinen Spalt auszumachen und hindurch zu fahren. Anschließend werden Sie einige Parkhäuser links oder rechts liegen lassen, was Ihnen natürlich auch nicht gerade leichtfallen wird.

Hinzu kommt, dass die Straßen nun immer enger werden, die Anzahl der Passanten multipliziert sich und die Geduld der konkurrierenden Autofahrer hängt am seidenen Faden. Jetzt gibt es keine genehmigten Parkplätze mehr, zumindest keine, um die sich nicht ein Dutzend Autofahrer streiten, und diesen ungleichen Kampf können Sie nicht gewinnen, schließlich sind Sie völlig unbeleckt. Sie sind es nicht gewohnt, ein derartiges Risiko einzugehen, um in die Stadt zu kommen. Sie sind mehr der Park-and-ride-Nutzer, der die Warnungen und Ratschläge, doch bitte außerhalb zu parken und auf öffentliche Verkehrsmittel umzusteigen, auch tatsächlich einhält.

Sie haben also keine Chance, in der jetzigen Lage noch einen freien und legalen Parkplatz zu ergattern. Um die Übung durchzuziehen, müssen Sie also auf einen der illegalen Plätze zurückgreifen. Sprich: Sie stellen sich ins Halteverbot. Da gibt es immer noch einen freien Platz, denn die sind auch den innenstadterprobten Fahrern zu riskant und zu kostspielig.

Erst einmal ausgestiegen, werden Ihnen die folgenden Einkaufsminuten wie Tage vorkommen, schließlich lauern die Kopfgeldjäger vom Ordnungsamt in den Städten an allen Ecken. Sie werden durch die Läden hechten und wahrscheinlich die erstbeste Hose kaufen, die Sie dann am nächsten Tag mit Bus und Bahn ganz in Ruhe wieder umtauschen werden.

Wieder am Auto angelangt und nass geschwitzt gibt es zwei Möglichkeiten.

Möglichkeit 1: Es ist nichts passiert. Sie haben keinen Strafzettel bekommen und es beschwert sich auch niemand über ihren Verkehrsvandalismus. Sie haben somit Glück gehabt, Sie sind glimpflich davongekommen und die ganze Sache hat Sie noch nicht einmal einen Cent gekostet. Ein stiller Triumph gegen das Establishment sozusagen.

Möglichkeit 2: Sie haben einen Strafzettel bekommen oder die Politesse steht gerade vor ihrem Wagen. In diesem Fall werden alle Erklärungsversuche vermutlich nicht viel nutzen, denn gerade das Halteverbot ist in diesen Kreisen der Ordnungshüter so etwas wie der heilige Gral.

Wie auch immer. Es wird ein teurer Spaß. Sie werden sich schwarz ärgern, dass Sie diese Übung überhaupt angetreten haben. Auf der anderen Seite haben Sie zumindest mal etwas zu erzählen und vielleicht sind einige ihrer Kollegen sogar stolz, dass auch Sie endlich einmal eine Vorschrift missachtet haben. Für Ihre Persönlichkeitsentwicklung ist die ganze Geschichte auf jeden Fall von Vorteil.

Auswertung

7   Punkte
Herzlichen Glückwunsch! Sie sind komplett resozialisiert.

6   Punkte
Gut gemacht! Auch Sie kehren dem Spießerleben den Rücken.

5   Punkte
Okay! Die Anti-Spießerchromosomen in Ihrem Körper haben wieder die absolute Mehrheit.

4   Punkte
Vorsicht! Bei Ihnen haben die „normalen" Synapsen – parlamentarisch gesprochen - nur eine einfache Mehrheit. Das heißt: Sie können wichtige Entscheidungen nicht alleine treffen.

3   Punkte
Akute Vorsicht! Lassen Sie sich helfen. Reden Sie mit Freunden und Bekannten über das Ergebnis. Es ist noch nicht zu spät.

2   Punkte
Durchgefallen! Bei Ihnen hat das Spießertum bereits Einzug in Ihr Leben erlangt. Machen Sie den Test noch einmal, und wenn Sie nicht mindestens drei Punkte erlangen, vergessen Sie es.

1   Punkte
Fünf minus. Finden Sie sich mit Ihrem Spießerleben ab!

0   Punkte
Hoffnungsloser Fall! Der Vorzeigespießer.

Danksagung

Ich wollte schon immer einmal eine Danksagung schreiben, aber ich weiß eigentlich gar nicht, warum? Dabei denkt man doch immer zwangsläufig an diese furchtbaren, sterilen und inszenierten Ehrungen oder Auszeichnungen, wo die auserkorenen Preisträger peinlich gerührt, total überwältigt ihre Eltern grüßen und ansonsten angeblich gar nicht wissen, wie sie ihr Glück fassen können.

Meinen Eltern möchte ich an dieser Stelle ausdrücklich nicht danken. Im Rahmen meiner Kindheit und der Zeit danach habe ich bei ihnen keinerlei Spießereigenschaften feststellen können. Im Alter hat sich vielleicht die eine oder andere Parallele ergeben, aber das ist alles noch im Rahmen.

Sie waren mir also keine große Hilfe bei der Erstellung dieses Buches. Dafür haben mir aber viele meiner kommenden Nachbarn, Arbeitskollegen, sonstigen Bekannten oder zufälligen Begegnungen sehr geholfen.

Ohne diese Menschen, ohne einen Großteil unserer Bevölkerung, wäre dieses Buch niemals möglich gewesen.

Egal ob beim Einkaufen, beim Sport, bei sonstigen Veranstaltungen, im Urlaub oder einfach draußen auf der Straße erlebt man einfach die geilsten Storys. Das Leben schreibt nun einmal die coolsten und skurrilsten Geschichten.

Ich danke somit nicht einzelnen Personen, sondern einer ganzen Gesellschaft. Ich danke der Politik, der Verwaltung, und der Gesetzgebung für unsere tollen Strukturen, die unser Leben so akkurat in seine Bahnen lenken.

Ich danke dem deutschen Vereinsleben für seine bloße Existenz, die schon verrückt genug ist, und ich danke nicht zuletzt der Kirche für ihre Engstirnigkeit.

Ich danke einfach allen Bewohnern dieses tollen Landes, die mich durch ihre bloße Anwesenheit und Zurschaustellung ihrer Lebensart, ihrer Gewohnheiten und ihrer Macken derart inspiriert haben.

Ohne diese Menschen wäre dieses Buch nicht möglich gewesen.

Letztendlich möchte ich wem auch immer noch dafür danken, dass ich in diesem tollen Land geboren bin.

Was wäre wohl aus diesem Buch geworden, wenn ich in einem anderen Land aufgewachsen wäre?

Es wäre sicherlich nicht einmal die Hälfte wert.

DANKE,
Deutschland!!!